防災クエスト

家族みんなで
防災ミッションを
攻略しよう!

ース

発売 小学館
発行 小学館クリエイティブ

これまで震災は他人事《ひとごと》だと思っていた――
今の地震で電車ストップだってもっと飲めるな！
ただいま～いやぁ 地震で電車が止まってさ…
え？
どうした！
何があった？
妻は地震で倒れてきた本棚にぶつかりケガをしてしまった…
なんでもっと
早く帰ってきてくれなかったんだよ！
息子の言葉に返す言葉もなかった…
俺が本棚の整理を怠ったのが原因だ…
そう…災害は…
他人事じゃないんです！
バン!!

地震…水害…
そして新型コロナウイルス…
いつだれが被災してもおかしくない時代なんです！
防災なんて面倒くさいって思っていませんか？
どうせ使わないだろうし…
防災
ラーメン
BOSAI QUEST Academy
でも防災ってRPGに似ているんです！
〝災害〟という敵に打ち勝つために家族というパーティで協力してアイテムをそろえ レベルを上げる…
災害
レベルアップ!!
防災
その過程を楽しんじゃえばいいんです！
この写真をご覧ください

震度6弱の大阪府北部地震で
同じマンションの隣の家は
室内がメチャクチャに
なりましたが…
BOSAI QUEST Academy
隣の家
辻家
私の家では調味料のボトルが
4本倒れただけでした
この差にびっくりするでしょう？
でも私が考案したミッションを
クリアすれば可能なんです！
スタート
ミッション 1
Level UP
ミッション 2
Level UP
ミッション
防災
ミッションは
ゲーム感覚でできるし
レベル1の人でも大丈夫！
パパ
この人だれ？
ちょい待ってな

国際災害レスキューナース
辻《つじ》直《なお》美《み》——
災害レスキューナースとして26年活動
被災地派遣は国内26件 海外2件
豊富な経験をもとに
「使える防災スキル」を伝えている
このたび防災勇者を育成するアカデミーを開講します
BOSAI QUEST Academy
防災勇者になって災害から家族を守りたい方はぜひお申し込みください！
そして…
防災クエストアカデミー始まりま～す
災害は他人事じゃない——
さあ 家族みんなで防災ミッションを攻略しよう

防災クエスト CONTENTS

この本は
防災スキルを身につけるためのミッションを
マンガで紹介しています。

また　もっと詳しく知りたい人向けに
図解によるQ&Aページも用意しました。

防災は　経験値を積むことが大切。
読むだけでも　最低限の知識を得られますが
ぜひ　マンガのミッションを実際にやってみてください。
その経験が　あなたと家族の命を救います。

また　家族全員で取り組むことも大切です。
RPGのパーティのように　みんなで力を合わせれば
どんな災害にも打ち勝てるでしょう。

そして　いちばん大切なこと。
防災を難しく考える必要はありません。
ゲーム感覚で　楽しみながら取り組んでください。

「災害は怖いけど　防災はおもしろい」
この言葉をキャッチフレーズに
家族みんなで　防災勇者を目ざしましょう！

ミッション01 ▶ 防災とは何かを知ろう

防災クエストアカデミー
さて防災クエスト まずはミッション1ね 出かける前にできる防災とは？
そんなの簡単ですよ
くさりかたびらを装備して…
ジャラ…
守備力 +15
すばやさ -20
玄関からほふく前進する！
0点！

ぐっ…
それは
どちらかというと
災害時の行動ね
大事なのは
災害が起こる前に
何ができるか…です
パパ
トイレ行きたい！
すみません
トイレお借りしてもいいですか？
おう！
正解！
え？
いつ何が起こるか
わからないんです
？
この後もし地震が来て
水道が止まったら…
近くにトイレがなかったら…
それを常に意識して
備えることが防災です

普段やっていることが
じつは防災に
つながっています
たとえば片づけ
ちゃんとできていますか？
う〜ん
・・・
家の中が散らかったままだと…
地震のあと家の中が散乱！
避難の妨げになってしまう！
!
出したらしまう
開けたら閉める
これも防災なんですよ
あ〜すっきりした
うん
開けたら閉めようか…

部屋から玄関までの道も避難経路だと覚えておいてね

まとめ
飲み物持っていくね！
パパトイレ行かなきゃダメだよ
開けたら閉めて出かけるっと！
出かける前の準備は　じつは災害対策になります。
その意味を理解するだけで　防災レベルが上がります！

出かける前のトイレも家の中の片づけもすべて防災につながる
ミッション1クリアよ！

よ～し家に帰って何ができるか話し合おう！
パラパラパッパパーン♪
防災の基礎知識レベルUP！

ミッション 01(完)

ミッション02 ▶ 避難について知ろう

ミッション2は
避難について
さぁここで問題!
コロナ対策と避難
災害時に
優先するのは
どっち?
A コロナ対策
感染したら
元も子もない
ステイホーム
でしょ
B 避難
命あっての物種
避難を
優先でしょ
いやそれは…
どっちだろう…
どっちだと
思う?
わからないよ
う〜ん
難しいな…
遅い!
正解はB
避難を優先する
コロナがこわいのもわかるけど
命を守ることが最優先!
家が被災しそうなら
すぐに避難してね
B 避難
命あっての物種
避難を
優先でしょ
それより あなたたちには
避難時にもっとも大事な
スキルが足りないですよ!
?

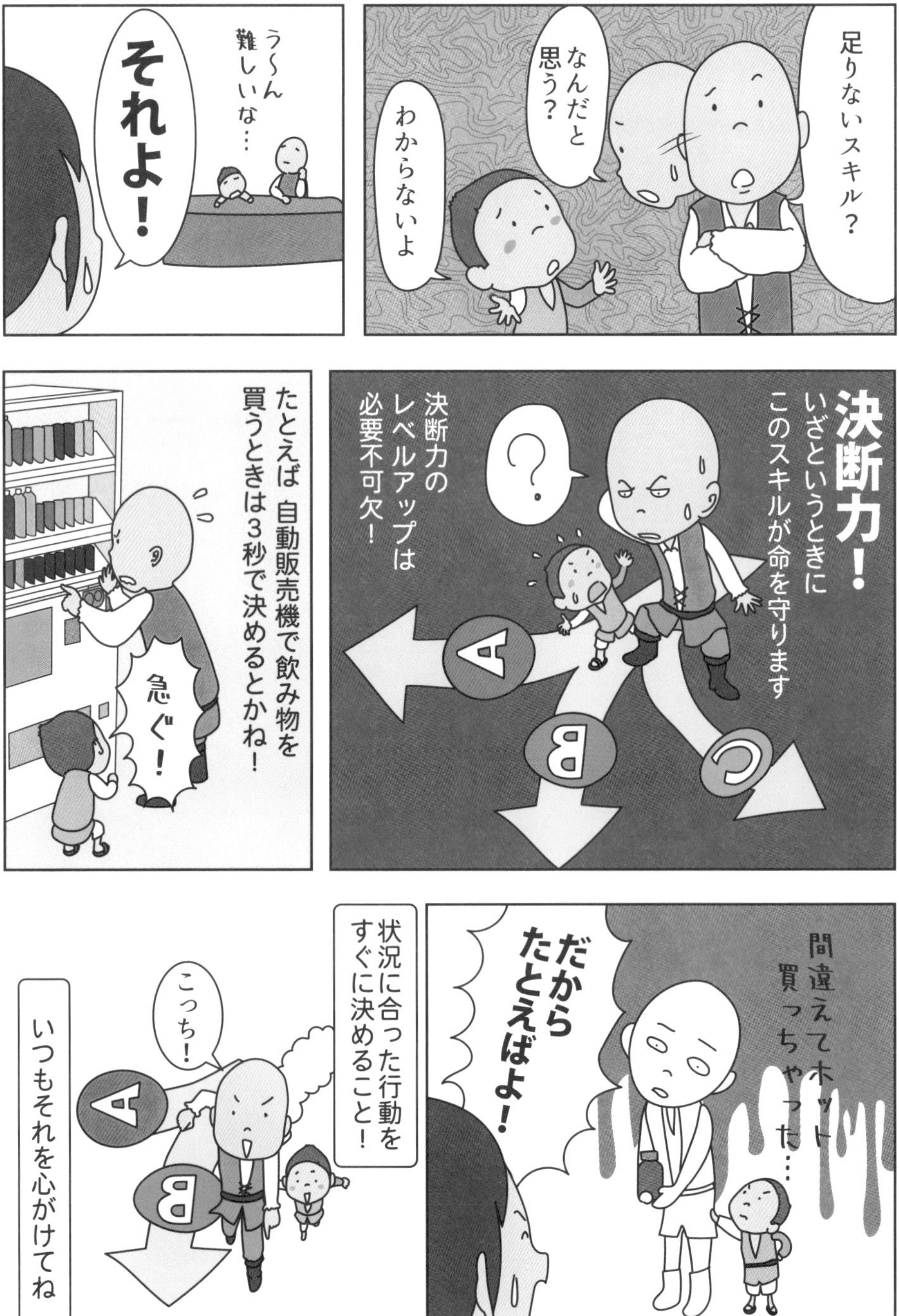
足りないスキル？
なんだと思う？
わからないよ
う～ん難しいな…
それよ！
決断力！
いざというときにこのスキルが命を守ります
？
決断力のレベルアップは必要不可欠！
A
B
C
たとえば 自動販売機で飲み物を買うときは3秒で決めるとかね！
急ぐ！
間違えてホット買っちゃった…
だからたとえばよ！
状況に合った行動をすぐに決めること！
こっち！
A
B
いつもそれを心がけてね

避難訓練は
していますか？
学校でしているよ！
俺も職場でやっています
家には備蓄も
用意されていますし…

じゃあ自宅で避難訓練
したことある？
!!

いざというときに
あわててしまったら
大切な家族を
守れないのよ！
あたふた
…

避難訓練はじめの一歩

ハザードマップで地域の危険を確認

試しに
ハザードマップを見てみて

家ギリギリだ！

ハザードマップは ネットでも見られるけど
災害時 スマホは 使えないこともあるから 紙の地図が必要です
自分の家だけを見て安心してはダメ！ 家の周りもよく確認してね
ここまで 水が来るのか…
ドブのフタが 壊れてるよ
市役所でハザードマップを 手に入れた！
別の道も 行ってみよう！
ナイス アイデア！
これでミッション2は 終わりだけど クリアでいいかな〜
もう一回補習かな〜 どうしようかな〜
BOSAI QUEST Academy
決断力！
避難の基礎知識レベルUP！

ミッション 02（完）

ミッションリスト 1

ミッション01　防災とは何かを知ろう

「出かける前にトイレ」「開けたら閉める」
が災害対策になることを理解する

攻略 ☐

ミッション02　避難について知ろう

役所に行って、
紙のハザードマップを手に入れる

攻略 ☐

マンガのミッションを実際にやったらチェックを入れよう

「開けたら閉める」という
当たり前のことをすることが
防災につながります。
それを理解するだけで、
防災レベルは上がります。

Q 地震と水害はどっちが危険なの？

A それは、あなたの家があるエリアによって大きく変わりますが、水害のほうが被災する確率が高いと思います。

まずは水害のハザードマップを確認してみてください。もし、あなたの家が浸水エリアに入っているなら、即避難しないと危険です。水の勢いは思っている以上に強くて速いということを、覚えておいてください。

地震はいつ発生するかわかりませんが、家の中を強化しておけば、ある程度被害を抑えられます。ただし、家がつぶれてしまったり、被災エリアが広かったりすると、生きていくために必要な物資が手に入らなくなる可能性もあります。地震発生後の数日間を生き延びるためには、防災アイテムの準備と、それを使いこなすスキルが不可欠です。

地震と水害の違いを比べてみよう

	地震（津波を除く）	水害
発生前の回避	できない	できる 
被害の拡大速度	発生直後 一瞬にして大きな被害に	ゆるやかに 継続的に被害が拡大
被害の広がり	建物によって被害の 大きさがバラバラで 行政は比較的機能する	被害が広範囲で 行政の機能もマヒする
復旧・復興	水害よりは容易	物は流されてなくなり 浸水による汚染を 消毒しなければならず 時間がかかる

Q ハザードマップで何がわかるの？

A

ハザードマップは、その市町村で発生が予測される自然災害の種類（洪水、内水氾濫、高潮、津波、土砂災害、火山など）ごとにつくられています。つまり、ハザードマップは1種類ではなく、また地域によって、つくられるハザードマップの種類にも違いがあります。

洪水ハザードマップや内水氾濫（下水道管や水路からの浸水）ハザードマップは、大雨による水害を想定した地図です。自分が住んでいるエリアは浸水するのか、どのあたりまで浸水するのかをチェックできます。

地震防災マップには大地震が起こったときの避難先などが記されています。自宅が倒壊する可能性や、実際に逃げる避難所までの道を調べておきましょう。

おもなハザードマップの種類

洪水　津波　土砂災害
内水氾濫　高潮　火山

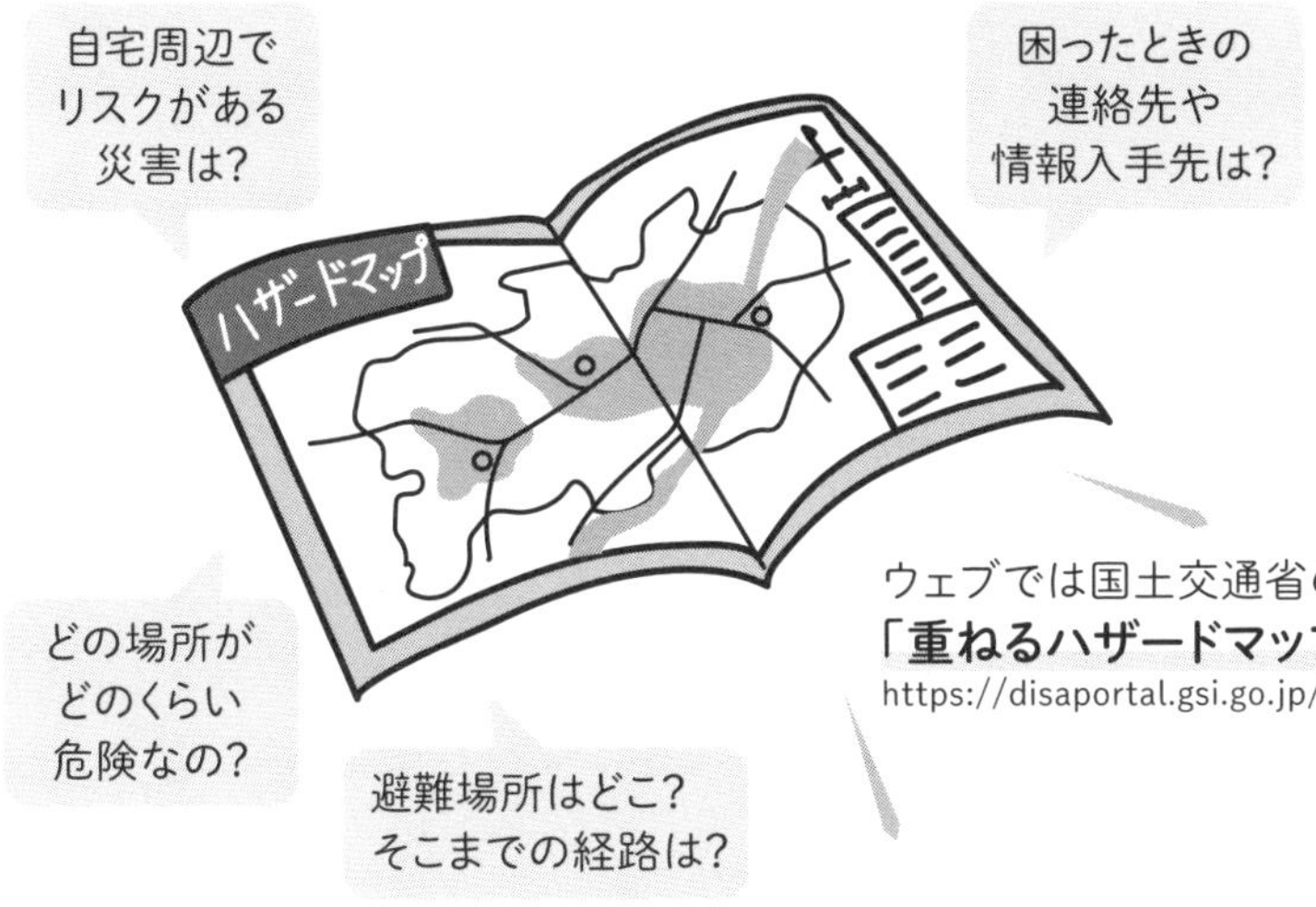
自宅周辺でリスクがある災害は？
困ったときの連絡先や情報入手先は？
ハザードマップ
どの場所がどのくらい危険なの？
避難場所はどこ？そこまでの経路は？

ウェブでは国土交通省の
「重ねるハザードマップ」が便利！
https://disaportal.gsi.go.jp/maps/

Q 避難所ってどこにあるの？

A

そもそも避難所には種類があるって知っていますか？　大きく避難場所と避難所に分けられ、避難場所も一時《いっとき》避難場所や広域避難場所に分けられます（※）。

一時避難（集合）場所は、災害時に自宅にとどまるのが危険なときや外で被災したとき、とりあえず逃げる場所です。公園や広場、学校の運動場などが指定されています。

広域避難場所は、大規模火災が発生して延焼拡大したときの避難先です。火災に対して安全な、大きな公園などが指定されます。

それに対して避難所は、生活環境を確保するために一定期間滞在する施設です。公民館や学校の体育館、民間の施設などが指定されます。

避難場所や避難所の場所はハザードマップで確認するか、役所で聞くといいでしょう。

※自治体や災害の種類によって呼び方に違いがある

避難場所と避難所は別のもの

避難場所	避難所
水害や火災が発生したとき、危険から逃れるために逃げ込む場所	災害発生後、生活する場所を確保できなくなった住民が滞在する場所
▼	▼
一時的に逃げる場所	一定期間、生活する場所

避難場所・避難所は、ハザードマップを見たり、役所で聞いたりして確認しよう！

Q 新型コロナで避難は変わったの？

もともと避難所には「感染症対策マニュアル」があり、新型コロナウイルスへの対策も変わりありません。

ただし、以前と明らかに変わったこともあります。それは、3密を防ぐために収容人数が大幅に減らされたこと。そして、ソーシャルディスタンスを保つため、各避難者の生活エリアを2メートル離す、パーティションで区切るなどの対策がとられたことです。

以前の避難所は、みんなでテレビを見ながら自分の経験を話し、それによって仲間意識が生まれていました。

コロナ禍の避難所では、話すことすらはばかられるので、どうしても孤立しがち。感染対策をしつつ、自分から声をかけてコミュニケーションをとることが大切になります。

コロナによる避難所の変化

1 避難所の定員が約3分の1に減った

⇒以前より早く満杯になるので、すばやい決断が必要に

2 ソーシャルディスタンスで住民どうしの距離が開いた

⇒孤独感が増し、コロナ前よりも不安に陥りやすい状況に

3 感染予防の観点から、食料や物を人に分けられなくなった

⇒必要なものは、すべて自分たちで準備を

事前の備えがより大切になった！

Q 地震が起きたらどう避難するの？

A

避難の前に、まずは自分の体を安全な場所に移動させることが何より大事。揺れている最中に火を消しにいく行動なんてできません。

　何かが落ちてきたり、倒れてきたりする場所にいるのは危険です。いくら頭を守る行動をしても、命を落とす可能性のほうが高いからです。以前はトイレに逃げるのが安全だと言われていましたが、今は玄関に逃げることが推奨されています。玄関までの経路に物がたくさんある場合は、いちばん安全だと思われる場所に移ってダンゴムシのポーズ（83ページ参照）をとり、揺れが収まるまでその場所にとどまります。

　揺れが収まったら周りの状況を確認し、下の図を参考にして、避難しましょう。

地震発生時の避難の流れ

自宅

↓ 自宅が危険になったら

一《いっ》時《とき》集合場所
危険を避けるために、一時的に集合してようすを見る。公園や学校など

↓ 火災などで、一時集合場所が危険になったら

広域避難場所
火災が拡大した場合、命を守るために避難する広い場所。大きな公園や大学など

↓ 危険は去ったが、自宅が安全ではないとき

指定避難所
市町村が指定した、学校や公民館などの一時的に生活できる施設

（一時集合場所・広域避難場所 → 自宅）危険が去り、自宅が安全なとき

（一時集合場所 → 指定避難所）危険は去ったが、自宅が安全ではないとき

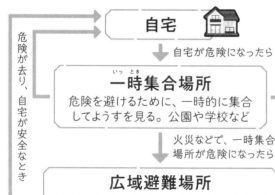

Q 水害が起きたらどう避難するの？

A

自宅が浸水する可能性があるかないかで、大きく変わります。浸水する可能性があるのなら、自宅から遠くの海抜の高い場所に避難しましょう（水平避難）。

自宅よりも低い場所にある一時《いっとき》避難場所や避難所に避難すると、よけいに危険です。その場合は、津波避難ビルや浸水避難ビル、または、近くのマンションやビルに避難します（垂直避難）。そのためには、避難できる場所を事前に把握しておく必要があります。

夜の避難は、足首の高さの浸水でもとても危険です。外への避難が難しい場合は、自宅の2階以上、もしくは屋上や屋根に避難します。ただし、避難としてはリスクが高いので、できるだけ早めのタイミングで水平避難をしましょう。

水害発生時の避難の流れ

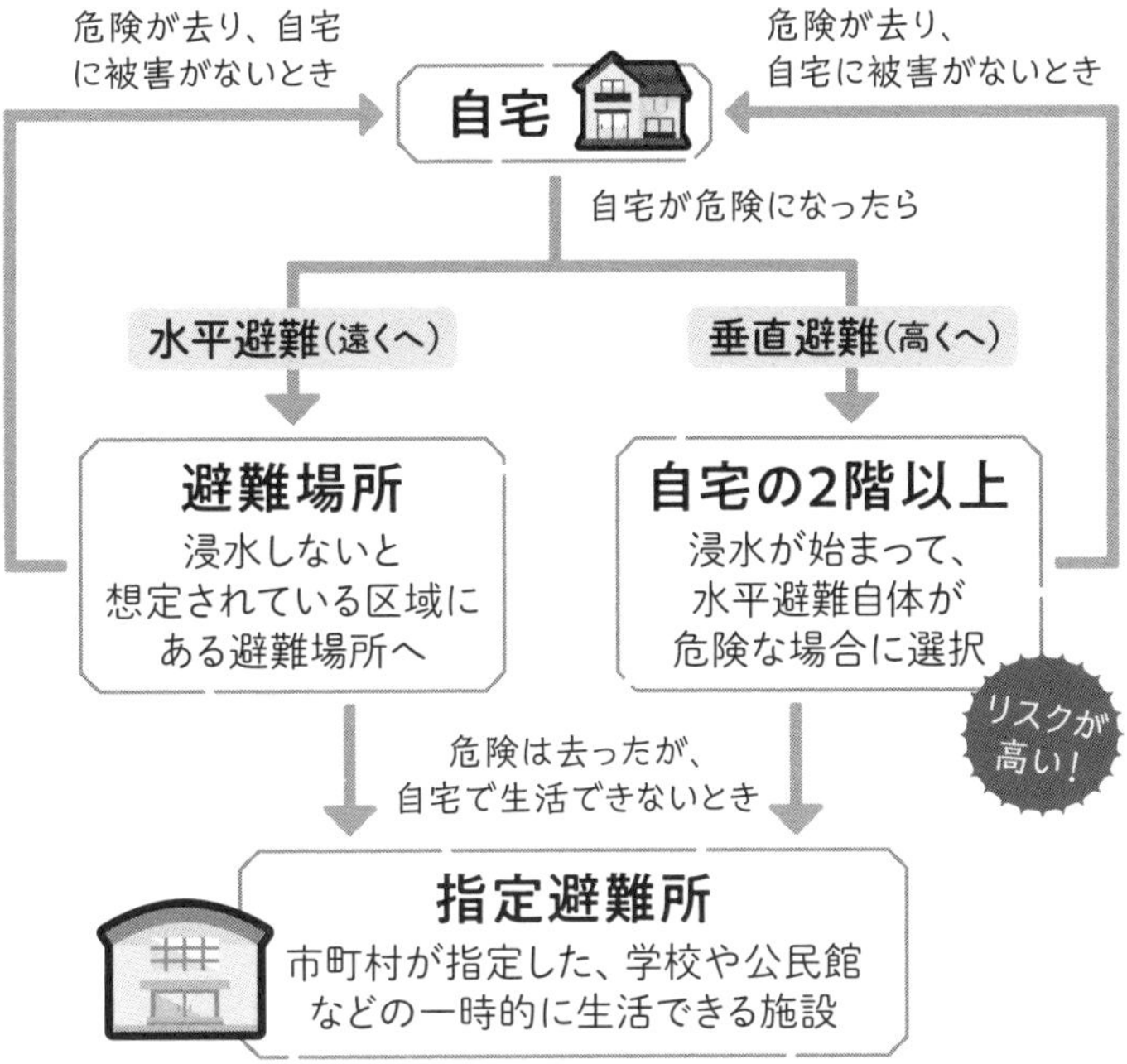
危険が去り、自宅に被害がないとき
自宅
危険が去り、自宅に被害がないとき
自宅が危険になったら
水平避難（遠くへ）
垂直避難（高くへ）
避難場所
浸水しないと想定されている区域にある避難場所へ
自宅の2階以上
浸水が始まって、水平避難自体が危険な場合に選択
リスクが高い！
危険は去ったが、自宅で生活できないとき
指定避難所
市町村が指定した、学校や公民館などの一時的に生活できる施設

防災マインドの鍛え方 ❶

“3秒決断ゲーム”をやってみよう!

「被災すると、自分で決断しなければ前に進めない。決断したら、また次の難題が出てきて、終わりがない。人生の中で、こんなに決断を強いられたことはなかった」

これは、ある被災者が言った、忘れられない言葉です。

災害時において、もっとも大事なのは決断力です。レスキューの世界では、決断に3秒悩むと1人死ぬといわれています。1秒で情報収集、2秒目で決断、3秒目では行動につなげる――これを普段からできるように、ゲーム感覚でトレーニングしてみましょう。

たとえば自動販売機で飲み物を買うとき。あなたの行動を思い返してください。目の前に立ってから、これにしようかなぁ、あれもいいなぁと悩んでいませんか？　この時点で、決断に時間がかかってアウト！

私はまずお茶、水、コーヒー、ジュースなど種類を決めてから、自動販売機を探します。そして目の前に立ったら、その種類の中でいちばん飲みたいもののボタンを1秒で押すようにしています。

何かを買うとき、事前にだいたいの枠を決めてから、商品を手に取ってみてください。慣れてくると、「ここには、こういう商品が売っていたなぁ」と瞬時に予測できるようになり、脳内シミュレーションが早くなります。

失敗なんてありません！　早く決めることをおもしろがって、やってみてください。

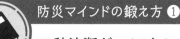

ミッション03 ▶ 家の中を探索しよう

コロナの時代においては避難所に行くのがベストじゃないもうひとつの手段が**在宅避難**です
今日はよろしくお願いします
こんにちは!
このミッションでは家の中を見直しましょう!
在宅避難中生きていくには何が必要だと思う?
ゲーム!
おいおい
家族を守る腕力ですね!
やっぱり水と食べ物よ
腕力も必要だけど食料がなくなったらどうするの?
ウーバーピーーツを利用する!
危機感!

ライフラインが回復するまでこの家でどう過ごすか？
食事 トイレ 情報…そして感染症は大丈夫か？
生きていくには何が必要かを見極めて！
そもそも家の中のことを把握している？
置き場所を確認しておきたい最重要アイテム
①防災リュック
②健康保険証（家族全員分）
③懐中電灯
④常備薬
もちろん全部わかってるわ
ブチッ
まぁそういうのは女の仕事だし…
ブチッ
ブチッ
防災に男も女も関係ないやろ！
令和やぞ！

いい機会だから パパと娘ちゃんで家を探索して
宝探しゲーム！準備不足は二次災害を招くのよ！
よ〜し見つけるぞ！確かここに懐中電灯が
あれ？ない…
新しいタオルをたくさん見つけたよ！
パパの部屋にあったけどこれ何？
へそくり
！
家族旅行に連れていったら許す！
へい…
これも二次災害ね…
家のことはみんなで共有しないとダメだね
娘のアレルギー薬も見つからなかった…
置き場所がわかりづらかったかもね
家族で話し合うことはとても大事です

「それ」がなければ代用品をつくろう！
～頭をやわらかくして 1つのアイテムを複数の用途で使う～

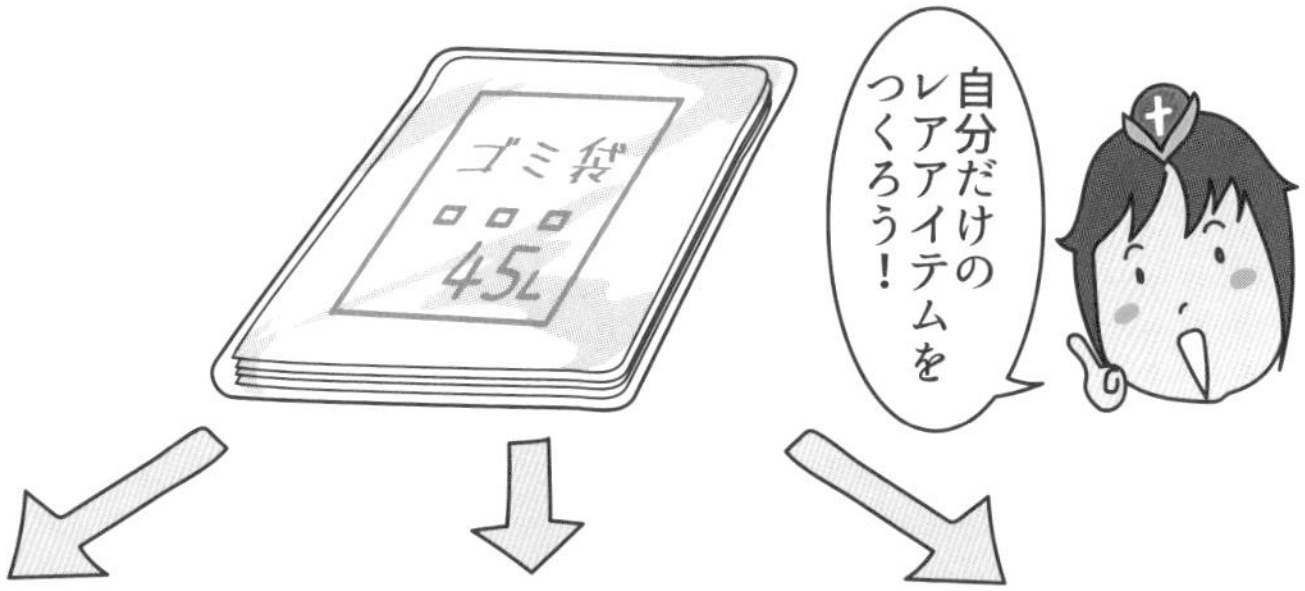
ゴミ袋
□□□
45L
自分だけのレアアイテムをつくろう！

給水タンク

リュックにゴミ袋をセット。背負えるので持ち運びがラク!
⇨86 ページ

災害用トイレ

ゴミ袋を二重にして便器にかぶせる。使用後は上のゴミ袋のみ交換 ⇨87 ページ

レインコート

頭と両手を出す部分を切る。雨にぬれて体温が下がるのを防げる

家の中をよく探せば隠しアイテムが見つかるかも…
ガラ
ほら ここに常備薬あったわよ
大切なものはまとめておいてね！

人の家の家具を勝手に開けないでください！
すみません ついアツくなって
家族での情報共有レベルUP ！

ミッション 03（完）

ミッション04 ▶ 家の防御力を上げよう

次は 家の中に危険な場所がないかチェックしましょう
大きな地震では4つの現象が起こります
それは 家の中のものが…
落ちる！
倒れる！
移動する！
飛ぶ！
とぶ？
なにが？

落ちる 倒れる 移動するは
想像つくけど
飛ぶって言われても…
じゃあ
この**災害VRゴーグル**で
体験してみて！
ジャーン!!
RESCUE-VR
シミュレーション OFF 震度 0
いったい何が
飛んでくるんだ？
RESCUE-VR
シミュレーション ON 震度 7
グラグラグラ
え？
RESCUE-VR
GAME OVER_
▶CONTINUE
END
チーン

ホントに飛んできた…
ドキドキ
ドキドキ
置いたままの包丁
菜箸やおたまも
飛んでくるんです
のどや胸に刺さって
亡くなった人もいます！
4つの現象を防いで
命を守るためには
どうすればいい？
よし！引っ越そう！
そうじゃない
家の防御力を上げること
いちばん危ないのはキッチン
次にリビングです
ものが多い部屋だわ！
腰より高い場所にあるものは
すべて飛んでくると
思ったほうがいい
LVUP

アイテムを使って家の防御力を上げよう
～すぐにできるので 子どもと一緒にやってみよう～

すべり止めシートで
本が飛び出すのを防ぐ！

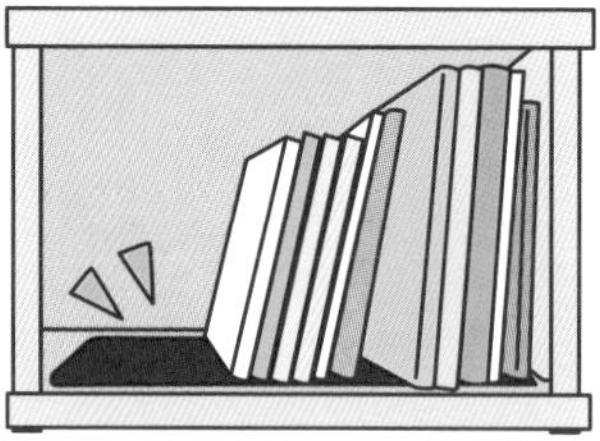

開き戸ロックで
つり戸棚から落ちるのを防ぐ！

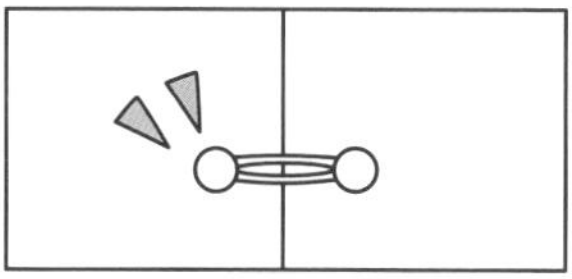

家具転倒防止板で
家具が倒れるのを防ぐ！

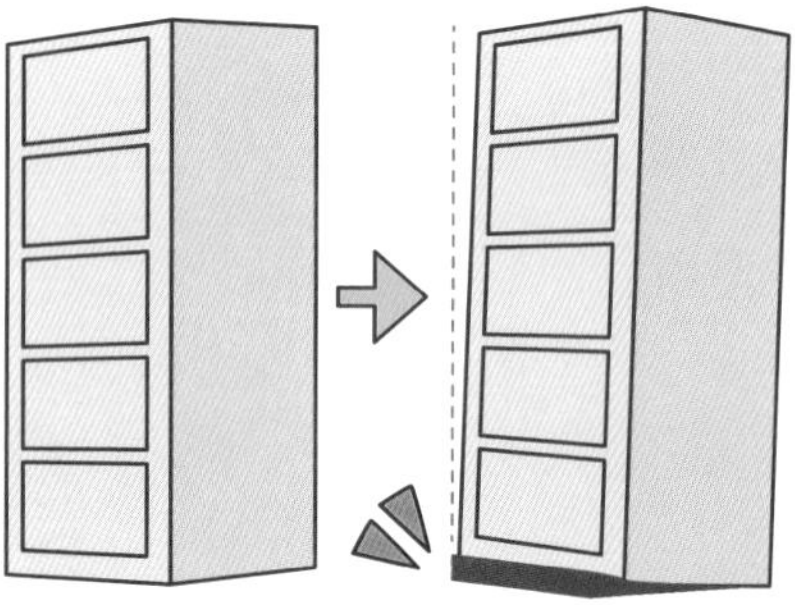

3つとも100均で売っているアイテムです！

どんな被害がありうるか想像しながら家の中をチェックしてね！
ここはマイナス
家族で協力して防災に取り組んでね！
はい！
自宅の備えレベルUP！

ミッション04（完）

ミッションリスト 2

ミッション03 **家の中を探索しよう**

防災リュック・健康保険証・
懐中電灯・常備薬の置き場所を把握する

攻略

ミッション04 **家の防御力を上げよう**

すべり止めシート・家具転倒防止板などで
地震対策をする(1つだけでもOK!)

攻略

いちばん守るべき
家の中のことを、
まずは見直しましょう。
家族にとって大事な物を
守ることが最重要です。

Q 在宅避難ってどうすればできるの？

新型コロナウイルスの流行により、避難所での生活がベストとは限らなくなりました。そこで、推奨されているのが在宅避難です。在宅避難では、たとえライフラインが切れたとしても、自宅にあるもので代用しながら生活する必要があります。

料理は、カセットコンロとガスボンベ、フライパンとフタがあれば、たいていの料理はつくれます。食材は普段からローリングストック（82ページ参照）をしておけば、被災時も普段と同じものを食べられます。

水は1人1日3L（そのうち飲食用2L）を目安に、ストックの飲料水とくみ置きの水をうまく使い分けます。

何事にも柔軟に対応すれば、在宅避難をより豊かなものにできます。

在宅避難とは？

電気・ガス・水道が止まっても、
避難所に行かずに自宅で過ごすこと

事前の準備が不可欠

準備① 家の強化
被災後も生活スペースが確保できるよう、
家の中をレベルアップしておく

準備② 十分な備蓄の準備
水、食料、電池、ガスボンベなどを
10日分は用意しておく

準備③ 自力での情報収集のクセ
救援物資などの情報は自力で集めなければ
ならない。その際ツイッターが便利だが、
普段から使い慣れておく必要がある

Q 防災は家族のだれが担当すべき？

防災は、家族全員が担当すべきです！　だれかに任せきりにするのは、とても危険。日常では些細《ささい》なことであっても、災害時は大ごとになるからです。たとえば、防災リュックの置き場所、避難時の子どものお迎えのルール、家族との連絡のとり方などを、家族で共有しておかなければ、家族全員が助かることが難しくなります。

全員で役割を分担したうえで、それぞれの情報を共有するためにコミュニケーションをとることがポイントです。

子どもだからといって担当から外すのではなく、どんどん参加してもらいましょう。寝る前にはおもちゃを片づける、一緒にごはんをつくるなどの行動も、子どもの命を守ることにつながります。

家族全員が置き場所を知っておきたい物

- □ 防災リュック
- □ 健康保険証（身分証明書）
- □ 懐中電灯
- □ 常備薬（解熱鎮痛剤、抗アレルギー剤など）
- □ ゴミ袋
- □ タオル
- □ カギ（自転車、車、倉庫など）
- □ メガネ、入れ歯、補聴器など

生活必需品は家族それぞれ。
「わが家の必需品リスト」をつくろう！

Q 災害時も保険証がないと受診できないの？

災害救助法により、健康保険証がなくても保険診療が受けられます。

ところが、保険証は「持っていること」に意味があります。同法では、医療のほかにも、助産、避難所の利用、炊き出しなどによる食料品や飲料水の供給などについて規定されており、保険証はこれらの救助を受ける際の身分証明書として使えるのです。

また、被災後の生活にはお金が必要になります。財布やキャッシュカード、通帳などが手元になくても、災害救助法により「本人確認書類があれば一定限度の金額の引き出しに応じる」と規定されており、保険証はこの本人確認書類としても使えます。

保険証を持っていることで、被災時の諸々の手続きがスムーズに進むのです。

災害時に健康保険証が必要な理由

1 早く治療してもらえる

保険証がなくても受診できるが、あると手続きが早く進む

2 救援物資をもらう際、身分証明になる

とくに在宅避難をする際は、あったほうが便利。
運転免許証やマイナンバーカードでもOK

3 復興で支援を受ける際、身分証明になる

運転免許証やマイナンバーカードでもOK

保険証はなくても問題ないが、
あると、あらゆる手続きが
早く進む！

Q 背の高い家具はどうすれば安全なの？

A

背の高い家具は、倒れないようにすることが何より大事。一般的には天井《てんじょう》と家具を固定する突っ張り棒が有名ですが、じつは、これだけでは不十分です。

本棚を例にとると、壁から3㎝離して置き、下に家具転倒防止板を差し込んで、本棚が壁側に傾くようにします。棚のひとつひとつにすべり止めシートを貼りつけ、本はすき間のないように詰めます。なるべく重心が低くなるよう重い本は下のほうに、軽い本は上のほうに入れます。そして、本棚の上には段ボール（中に格子《こうし》状の仕切りを入れ、タオルや毛布などを詰めると強度アップ）を置き、天井との間を埋めます。

こうすることで、大きな地震でも倒れにくくなります。

本棚を耐震補強する方法

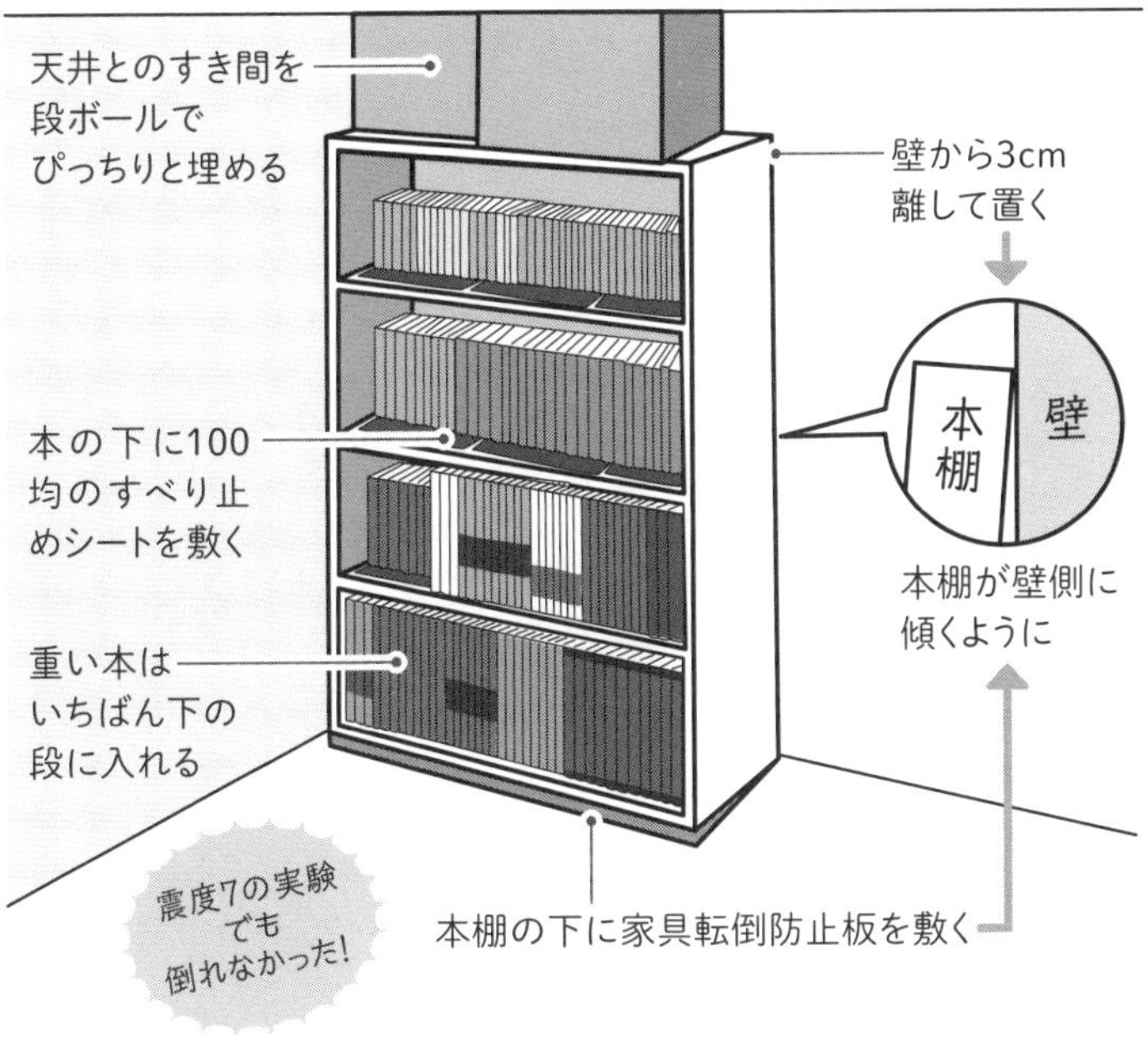
天井とのすき間を段ボールでぴっちりと埋める
壁から3cm離して置く
本棚
壁
本棚が壁側に傾くように
本の下に100均のすべり止めシートを敷く
重い本はいちばん下の段に入れる
震度7の実験でも倒れなかった!
本棚の下に家具転倒防止板を敷く

Q キッチンで危ないところはどこ？

A

キッチンには危ないものがたくさんあります。使いやすさや見た目を重視して、外に出したままにしている人は要注意！　菜箸、おたまやトングなどは軽いから大丈夫と思っていませんか？　東日本大震災ではこれらのものが飛んできて体に刺さり、大ケガをした方や亡くなった方もいます。大きな地震では、フライパンやお鍋、電子レンジなども飛んでくる可能性があり、冷蔵庫や食器棚が倒れることもあります。

割れた食器が床一面に散らばっている写真を見たことがあるかと思いますが、そうなってしまうと、たとえ命が助かっても、在宅避難が難しくなります。

このページを参考にして、地震に強いキッチンをつくりましょう。

“最強”収納ケースのつくり方

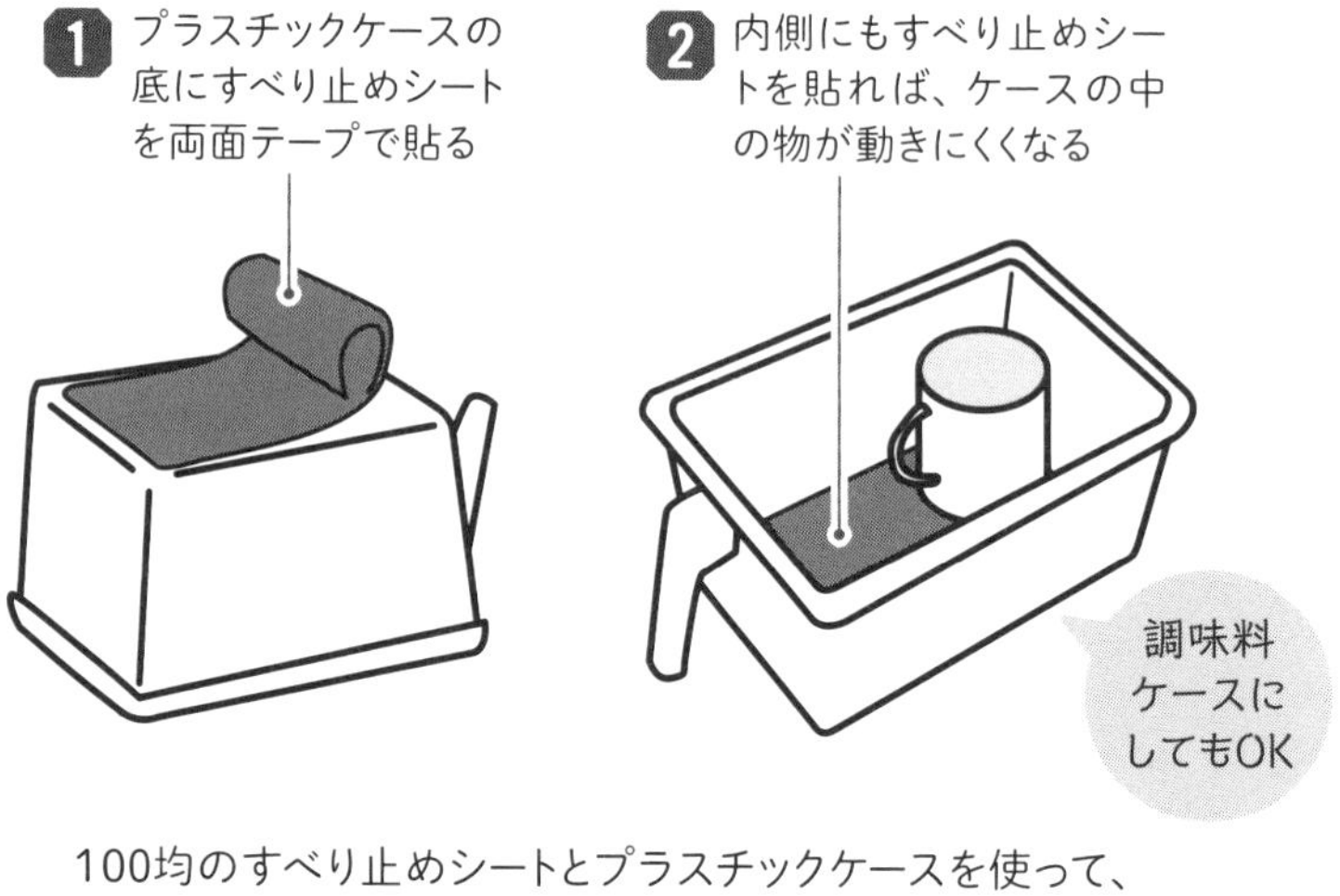
1 プラスチックケースの底にすべり止めシートを両面テープで貼る
2 内側にもすべり止めシートを貼れば、ケースの中の物が動きにくくなる
調味料ケースにしてもOK

100均のすべり止めシートとプラスチックケースを使って、オリジナルの食器収納ケースをつくろう。すべり止めシートは万能の防災アイテムで、本棚の本の下や家電の下に敷いても効果大！

キッチンのチェックポイント

電子レンジ

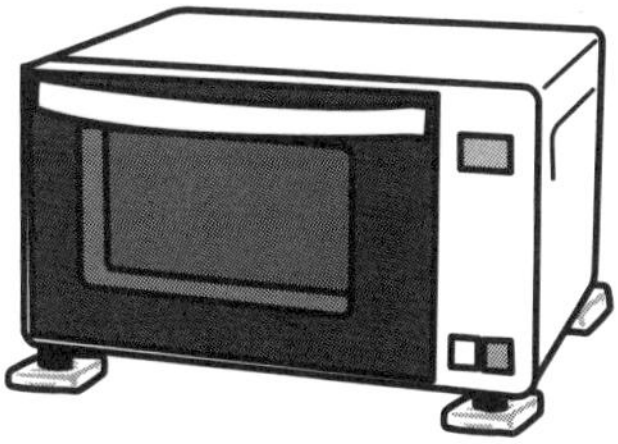

耐震ジェルマットを使おう

電子レンジは地震のとき“飛ぶ凶器”になる。耐火の耐震ジェルを足に貼り、動かないように固定を

冷蔵庫

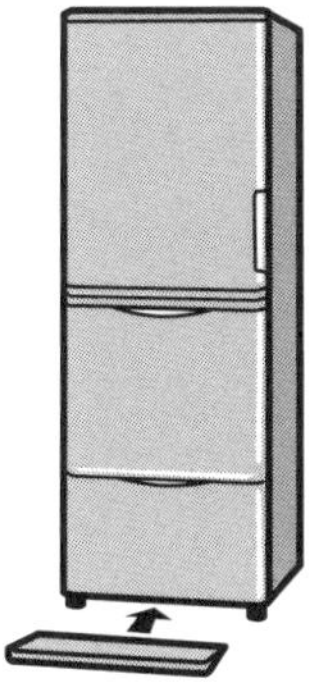

家具転倒防止板を敷こう

冷蔵庫が倒れると危ないだけでなく、避難経路をふさいでしまう。転倒防止板で対策を

カトラリー・調味料

“見せる収納”は危険！

大きな地震では、外に出ているものはほとんど飛んでくるので、棚や引き出しにしまうのがベスト

食器棚の中

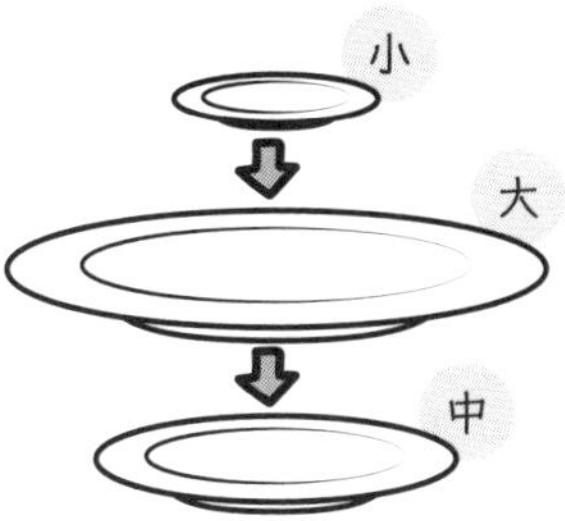

お皿の重ね方を変えよう

お皿は、中→大→小の順で重ねたほうが、地震のエネルギーを吸収して飛び出しにくい

防災マインドの鍛え方 ②

カセットコンロを使い倒そう!

台風上陸が近づくと、ニュースで流れるのが、おにぎりやパン、カップ麺の棚が空っぽになったコンビニやスーパーの映像です。まだライフラインが切れていないのに。しかし、「あるもの」さえ用意しておけば、仮に被災しても非常食を買いに行く必要がなくなります。それは、カセットコンロとガスボンベです。

あなたはカセットコンロを鍋物以外の用途で使っていますか？　使い慣れると、さまざまな調理法を身につけられます。フライパンとフタがあれば、焼く、炒めるのはもちろん、煮る、炊く、蒸すことも可能です。

私は普段からカセットコンロを使って、フライパンでごはんを炊いたり、シュウマイを蒸したりしています。このとき重要なポイントは、火加減を知ること！　うまく調節しないと、1時間ほどでガスボンベの中身がなくなってしまいます。在宅避難は、被災の状況によっては長期間に及ぶかもしれません。被災エリアが広いとライフラインの復旧が難しくなります。備蓄には限りがあるので、ガスボンベを効率よく使うことが重要。普段からいろいろな調理法を試してみましょう。

直前になってあわてて準備しようとしても、手に入りづらくなるので要注意！　2020年9月に発生した台風10号の九州接近直前、カセットコンロとボンベの在庫が、実店舗はおろか、ネットショップからも消えたという例もあります。

ミッション05 ▶ 防災リュックを装備してみよう

両手が使えるようにするため避難用のカバンはリュック一択です！
キャリーバッグは持ち運びしやすそうだけど避難用としてはアウト！災害時の悪路でキャスターは使えません
防災リュックは重くなるので普通のリュックだとひもが切れてしまうかも…
ブチッ
30kg
アウトドアブランドの丈夫なものを選びましょう
非常時には子どもにも背負ってもらう必要が出てきます
大丈夫？
持てるよ！
そのためには練習が不可欠です
ミッション5は防災リュックを実際に背負うこと！
そして背負ったまま10分以上歩くこと！

リュックは重すぎないか
背負いやすいか
どのくらい疲れるのか
こんなに大変だとは思わなかった…
・・・
入れすぎじゃない？
背負って歩いてみて
初めてわかることがあります
避難所に持っていきたい大切なものがあるんだけど
それはなんだと思う？
うさぎさんのぬいぐるみ！
あのね…
？
？
正解

メンタルヘルスにかかわるものって
排除されがちだけど
避難所の雰囲気は暗いから
前向きな気持ちになりにくいの
だからこそ 笑顔になれる
アイテムが欠かせないんです
生きるためのアイテムと
自分のメンタルを保つアイテム
どっちも持っていってね！
はい！
メンタルアイテム
多すぎだから！
防災リュックの心得レベルUP！

ミッション 05（完）

ミッション06 ▶ 感染症対策のスキルを覚えよう

今の時代
避難時の感染症対策も
考えておく必要が
あります
ウチにはけっこう
ストックがあるから
大丈夫よね
マスク
ストックも大事だけど
避難時に
持ち出せる量には
限りがあるでしょ？
マスク
マスク
だったら
避難所でもらえば
いいんじゃな〜い？
あまい!!!!
FAceガード
避難所に何でも
あると思うな！
自分のものは
自分で持っていくのよ！

感染経路を断つスキル
～マスクがなくても 感染は予防できる！～

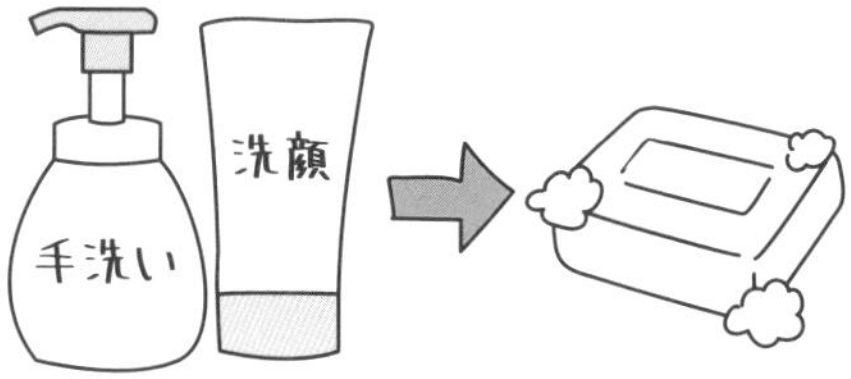
洗顔
手洗い
○○用にこだわらず
せっけんを使いこなす

水が使えるなら
流水で手を洗い流す（15秒以上）

外で何かに触るときは
利き手と反対の手を使う

ウイルスが手についても
顔を触らなければ
感染は防げるんです
ピタッ

はぃ!!
ソーシャルディスタンスしすぎだから！
感染症対策の心得レベルUP！

ミッション 06（完）

ミッション07 ▶ 4つのキーアイテムを手に入れよう

防災笛
コンパス
ソーラーライト
万能ナイフ
ジャジャーン!!
私はいつもこの4つのアイテムを持ち歩いています!
おおおおぉ!!!さすがプロ用!!!
プロ用だと思うでしょ?ほとんど100均でそろえたのよ
100
100
さては…
100均の回し者…
違うわ!!

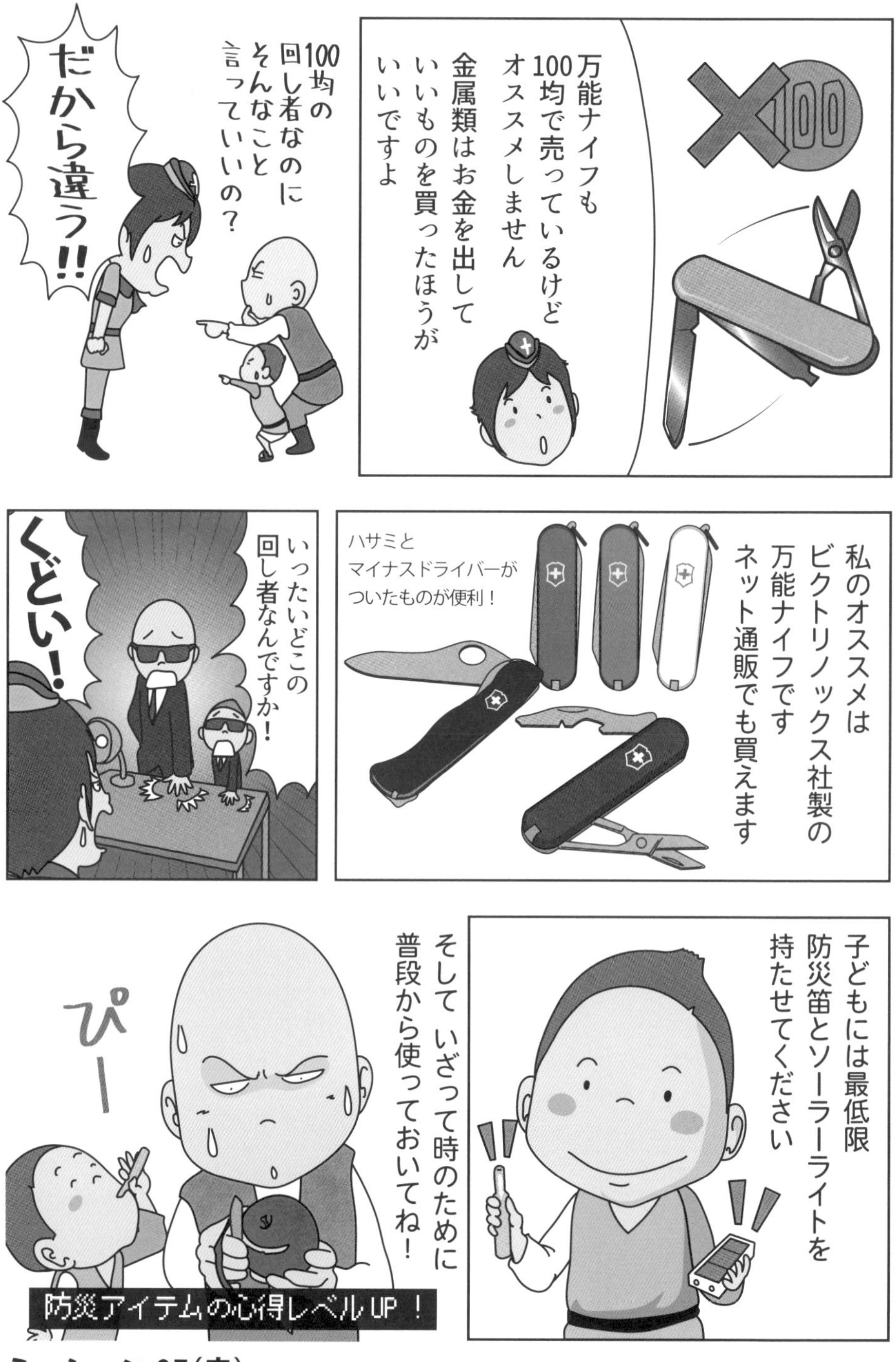

万能ナイフも
100均で売っているけど
オススメしません
金属類はお金を出して
いいものを買ったほうが
いいですよ
100
100均の
回し者なのに
そんなこと
言っていいの？
だから違う!!
私のオススメは
ビクトリノックス社製の
万能ナイフです
ネット通販でも買えます
ハサミと
マイナスドライバーが
ついたものが便利！
いったいどこの
回し者なんですか！
くどい！
子どもには最低限
防災笛とソーラーライトを
持たせてください
そして いざって時のために
普段から使っておいてね！
ぴー
防災アイテムの心得レベルUP！

ミッション07（完）

ミッションリスト 3

ミッション05　防災リュックを装備してみよう

防災リュックを実際に背負い、
10分間歩いてみる

攻略

ミッション06　感染症対策のスキルを覚えよう

マスクや消毒液を使わない
感染症対策を覚える

攻略

ミッション07　4つのキーアイテムを手に入れよう

万能ナイフ・ソーラーライト・
コンパス・防災笛を手に入れる

攻略

防災専用アイテムをそろえると、出費がかさみます。100均で十分なアイテムと、お金をかけて買うべきアイテムを分けましょう。

Q 子どもに持たせたい防災アイテムは？

A

地震が起こったとき、子どもと一緒にいるとは限りません。ひとりでいる時間帯に被災しても生き延びられるように、子どもに普段から防災アイテムを持たせておきましょう。

下の図であげたアイテムは、助けを求める、飲み水を手に入れる、体温を温存する、体がぬれないようにする、排泄《はいせつ》をするために必要な最低限のものです。軽くてかさばらず、いろいろな用途に使える、というのがポイントです。

そして、実際に使ってみることが大切。使うことによってアイデアやイメージが広がるからです。これは本来、固定観念のない子どもが得意なこと。アイテムを備えるだけではなく、行動力も備えてほしいところです。

ランドセルに入れておきたい防災アイテム

“隠しアイテム”として、入れっぱなしにしておこう

◆ **新聞紙**
クシャクシャにして首や手首に巻けば防寒具のかわりに。火おこしや災害用トイレにも使える

◆ **45Lのゴミ袋**
⇒28ページ

◆ **防災笛**
助けを求める際に使う

◆ **小銭**
自動販売機で飲み物を買うときなど（災害時に電子マネーは使えない）

◆ **テレホンカード**
公衆電話で災害用伝言ダイヤル（171）にかける際に使う

Q 防災リュックはどれを買えばいいの？

A

防災リュックに求められるのは、頑丈さ、大容量、耐水性、体にフィットする、の4点です。

3日分を想定して必要なものを入れると、12〜15kgの重さになります。普段使いのリュックサックではショルダーベルトが切れてしまうことも。もし逃げている最中にベルトが切れたら、避難が難しくなってしまいます。

私はいろいろなタイプのリュックサックを試してきましたが、意外にもたくさんポケットがあるものは使いにくい。容量が大きくて中に仕切りがない、ショルダーベルトが本体にしっかり縫いつけられている、胸の前や腰でフィットするベルトがある、物が詰めやすく取り出しやすい、といったポイントを重視して選ぶといいでしょう。

防災リュックの選び方

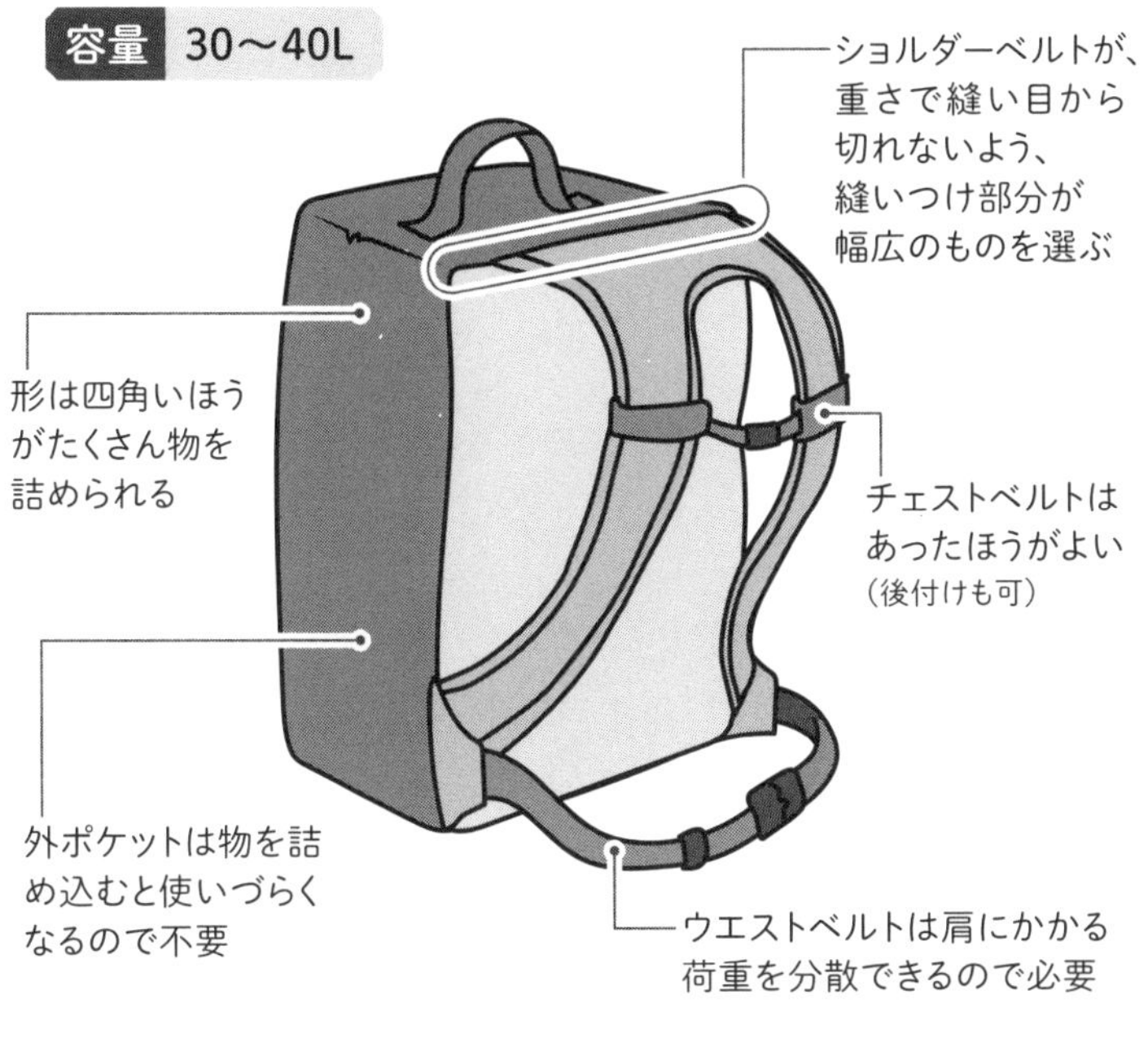

容量 30〜40L
ショルダーベルトが、重さで縫い目から切れないよう、縫いつけ部分が幅広のものを選ぶ
形は四角いほうがたくさん物を詰められる
チェストベルトはあったほうがよい（後付けも可）
外ポケットは物を詰め込むと使いづらくなるので不要
ウエストベルトは肩にかかる荷重を分散できるので必要

Q 防災リュックには何を入れればいいの？

A

防災リュックの中身は避難先で使います。避難所で生活するのに必要なものは何か、想像してみてください。

明かり、食べ物、水、コロナ対策の衛生用品はもちろんですが、今の防災にはスマホが欠かせません。充電するアイテムを絶対に入れてください。スマホのかわりになる情報収集機器として、充電可能な手回し式ラジオがあると、快適に過ごせます。

そのほかに、体温温存に必要なもの、体を清潔にするのに必要なものがあると、豊かな避難生活が送れます。

また、忘れやすいのがメンタルケアにかかわるもの。お気に入りの香りやタオル、写真なども入れておくと、落ち込んだときに心の支えとなるでしょう。

無理なく
背負える重さに
調節しよう

防災リュックの中身リスト

- □ 水
  1人分の目安は2L×3本+500mL×6本
- □ ペットシーツ
- □ レジャーシート
- □ タオル
  防寒にも、包帯にも、ぞうきんにも
- □ 風呂敷・手ぬぐい
- □ エア枕・エアクッション
  避難所の床は固いので、あると便利
- □ ラップ
  お皿に敷くほか、包帯がわりにも
- □ アルミホイル
  料理のほか、体に巻くと防寒になる
- □ 新聞紙(朝刊)3部
  災害用トイレや防寒にも使える
- □ レトルト食品(カレーやシチュー)
- □ フリーズドライみそ汁
- □ 缶詰(肉系・魚系を7缶)
- □ パスタソース
  調味料にもなる
- □ カップスープのもと 調味料にもなる
- □ アルファ化米
- □ 米(3合)
- □ 早ゆでパスタ
- □ 塩あめ
- □ おやつ
- □ 箸・フォーク・スプーン
- □ アロマキャンドル
  停電対策(防災用でなくてOK)
- □ 着火ライター
- □ LED懐中電灯
- □ 手回し充電ラジオ
- □ USBケーブル
- □ 大容量モバイル充電器
- □ 油性マジックペン
- □ ロープ
  救助をするとき、されるときに
- □ 布ガムテープ メモ帳がわりに
- □ 軍手
- □ 解熱鎮痛剤
- □ 消毒液
- □ うがい薬
- □ 洗口液
- □ ハッカ油
  数滴入れた水で体をふくとサッパリ
- □ 生理用品
- □ 救急セット
- □ 圧縮タオル
- □ たためるシリコンコップ
- □ 穴あきペットボトルキャップ
  断水時シャワーがわりに
- □ 45Lのゴミ袋
  万能アイテムなので50枚はほしい
- □ ガーゼ
- □ 包帯
- □ ばんそうこう
- □ トイレットペーパー
  芯を抜いてチャック付き袋に入れる
- □ サージカルテープ
- □ 携帯用ゴミ袋
- □ 使い捨て下着
  避難所で洗濯は難しい
- □ ウエットティッシュ・おしりふき・からだふき
- □ レインジャケット・パンツ
- □ アルミ製シート
- □ 使い捨てカイロ
  夏でも避難所の床は冷える
- □ 服(3日分)

Q コロナ対策に便利なアイテムは何？

A もし何かひとつを選ぶなら、逆性せっけん（ベンザルコニウム塩化物液）が便利です。

市販の消毒スプレーは使いやすいのですが、あっという間になくなってしまい、かさばるので、たくさん持っていけません。無水エタノールも薄めて使えますが、蒸留水を混ぜないといけないうえ、引火の危険があるので、オススメできません。

一方、逆性せっけんは安全で刺激臭もなく、水道水を混ぜて使えます。またコスパが非常に高く、物にも人の肌にも使えるので万能です。医療現場でも物品の消毒や手術時の皮膚の消毒に使われています。

私は携帯用のスプレー容器に入れて、外出時に持っていくようにしています。

消毒液のつくり方

1：200
逆性せっけん
（ベンザルコニウム
塩化物液）
水
水
（水道水でも可）
「オスバンS」
「ザルコニン液P」
などの商品名で
売っていることも
自作消毒液の
完成！

Q お金をかけて買うべき防災アイテムは？

防災アイテムは100均でほとんどそろえられますが、靴と腕時計にはお金をかけましょう！

被災時はいつもの道も状況がかなり変わります。歩きやすく、足にフィットし、ガレキや浸水、汚水にも耐久性のある素材の靴を買いましょう。普段私たちは靴をはいたままの生活をしませんが、非日常の環境でよりよい生活をするためには、よい靴が必要です。

避難所では、腕時計を身につけたまま生活します。取り外して紛失したり盗難にあったりする確率が減りますし、防水仕様なら、いろいろな場面で使えます。また被災時は時間感覚がマヒしがち。だからこそ、時間や曜日が正確にわかり、タイムを測れるというのも大事なポイントになります。

靴と腕時計を選ぶポイント

- ○スニーカー
- ○ひも靴
- ○底が少し厚い
- ○軽くて歩きやすい
- ×水害時に長靴をはくのはNG（中に水が入って歩きづらい）

- ○防水仕様
- ○半永久的に使えるソーラー電池か機械式（ゼンマイ）
- ○クロノグラフ（ストップウォッチ付き）

被災後のリアル❶

避難所にリモコンを4つも持ってきた男性

2020年9月、立て続けに来た台風9号、10号によって九州は被災しました。連続の被災で防災意識が高まった、と世間では言われています。しかし、現状はまだまだ。警戒レベル4（全員避難）になっても避難の決断ができず、目の前が浸水して初めて逃げる人が多いんです。あわてているので、たいていの人は、目の前にある物をなんでもかんでもリュックに詰め込んで、避難所にやってきます。今はコロナ対策で、避難所の収容人数が3分の1くらいに減らされています。警戒レベル4になってから逃げても、避難所は満杯で入れません。

球磨川《くまがわ》氾濫（令和2年7月豪雨）のときに出会った、避難所からあぶれた男性は、ぼう然と立ち尽くしていました。ずぶぬれのリュックの中身は、飲みかけのペットボトル、箱ティッシュ、新聞、とりあえず見つけた食べ物が少量。着替えはありましたが、防水対策をしていなかったので水浸し。持病があるというのに常用薬もなし、メガネもなし。そして、なぜかリモコンが4つも入っていました。

着替えも、衛生用品も、食べ物も飲み物もない――。避難所に行けばもらえると思っているかもしれませんが、実際は、自分が持ってきたものだけで、しばらく生活することになるのです。事前の準備を怠ると、いざ避難しても、生きていくことが難しくなってしまいます。

ミッション08 ▶ 災害用伝言ダイヤルを使ってみよう

災害用伝言ダイヤルって知ってる？
もちろん！171のことですよね

正解！じゃあかけたことある？
電話で確認
171
災害用伝言ダイヤル
！
まぁ 災害が来たら使えばいいかな…と

171は災害の発生直後電話がつながりにくいときに安否確認のために使える音声の伝言板です
OK
171
OK
OK
公衆電話からもかけられます
毎月1日と15日に体験利用できるからいちど試してみて！
1日
15日

録音する内容を「今日のごはんのリクエスト」にすると 伝言ゲームみたいでおもしろいですよ！

ではミッションスタート！

がんばって〜！

連絡をとりたい相手の方の電話番号をダイヤルしてください
へ？

……

ママの電話番号何だっけ…？

しゅーりょー!!!

録音にも再生にも電話番号の入力が必須！どの番号をキーにするか家族で決めておくことも大切ね
私はパパの携帯の番号ちゃんと覚えていたけどね！

私も覚えます…

連絡の心得レベルUP！

ミッション08（完）

ミッション09 ▶「避難の呪文」を覚えよう

避難するときに気をつけることは何かわかりますか？
標語の「**おはし**」ですね 押さない 走らない しゃべらない！
正解…でも不正解
えっ!!
押さない
走らない
しゃべらない
災害の現場でそれをまじめに守っていたらとても助かりません
走らないと助からない
「おはし」は避難訓練を安全に行うための標語なんです
防災マニアの私が最初で間違えるとは…
ガーン
息子よ…パパみたいにならずに「よいこ」になるんだぞ
正解！
へ？
何が？

避難の呪文は「よいこ」
～自力で逃げるときに必要な３つのポイント～

よ　よく見る

台風の進路は
情報

周りの状況をよく見ること。
テレビやラジオ、ＳＮＳで
情報収集することも含まれます

い　急いで逃げる

危険が迫っていたら
安全な場所まで
走って逃げることも必要です

こ　声をかける

周りに「大丈夫？」と声をかけたり
「あっちに逃げて！」と
伝えたりすること

被災すると「助けてもらう」という意識をもつかもしれませんが自分から動くことが命を守ることにつながります

インプットしました！
避難の心得レベルUP！

ミッション 09（完）

ミッション10 ▶ 防災ウォークをしよう

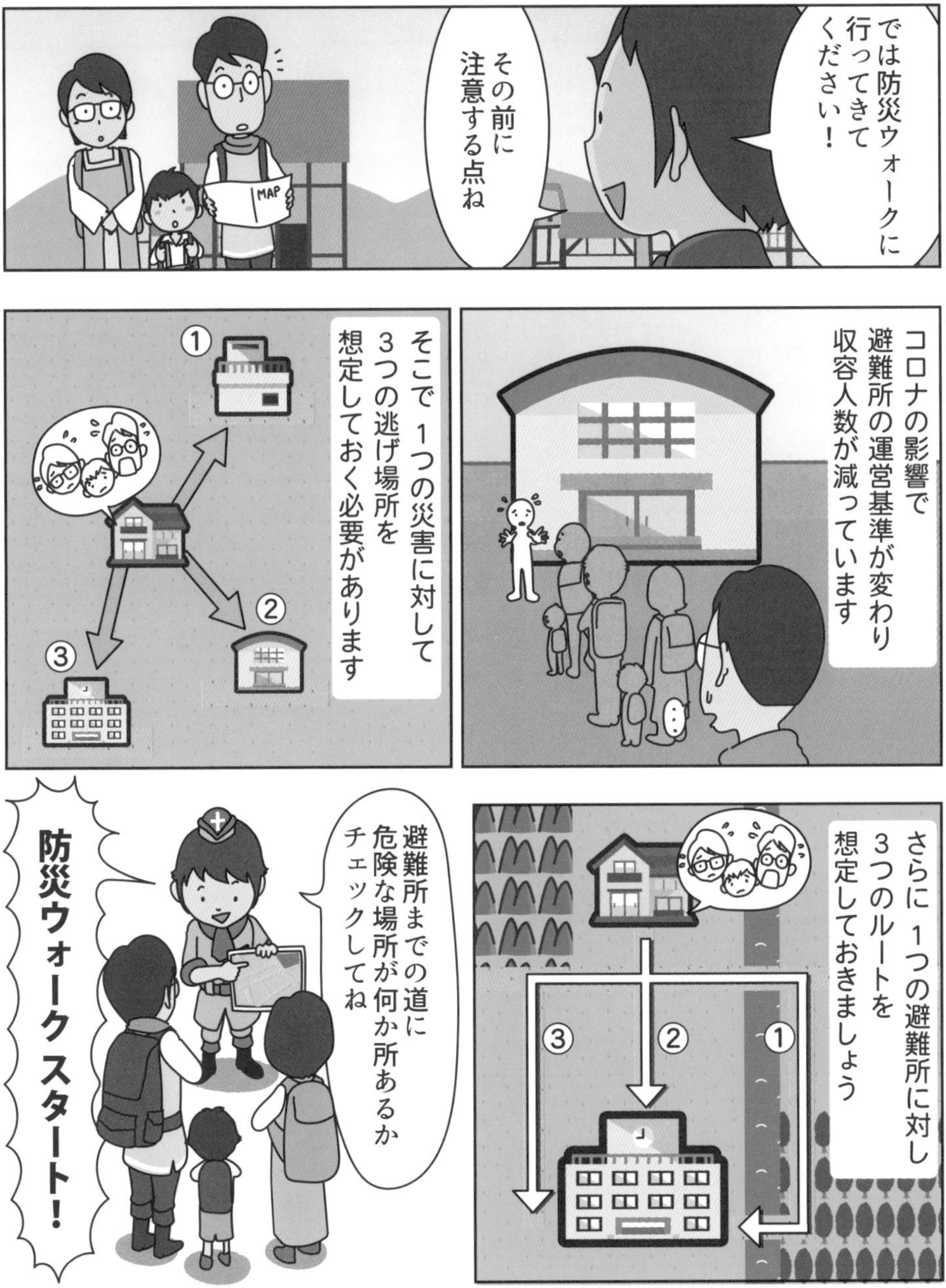
では防災ウォークに行ってきてください！
その前に注意する点ね
MAP
コロナの影響で避難所の運営基準が変わり収容人数が減っています
…
そこで 1つの災害に対して3つの逃げ場所を想定しておく必要があります
①
②
③
さらに 1つの避難所に対し3つのルートを想定しておきましょう
①
②
③
避難所までの道に危険な場所が何か所あるかチェックしてね
防災ウォーク スタート！

しゅっぱ〜っ！
その前にルートを決めよう
小学校を避難所として通学路に危険がないかを確認してみましょう！
気をつけてね〜
ブロック塀が崩れるニュースはよく見るから注意だね
薬草・回復薬受付
古い看板は落ちてくるかも…
大きな窓も危なさそう！
こういう道は水没するって先生が言ってたよ
アンダーパスか！確かにそうだね

荷物を背負って歩くと思ったより疲れるね〜
危険な場所はずばり4か所でした！
お疲れ様〜
何の災害を想定して歩きましたか？
？
地震と水害では危険なポイントは違うのよ
たしかに…またミスだ…
-100
PP： 0
だけど今回は大成功だから燃え尽きなくて大丈夫！
家族みんなで避難所に行った
防災リュックの重さを体験できた
危険な場所をみんなで探せた
それだけで十分です！
この経験は絶対に避難のときに生きてきます
ですよね!!
+100
PP：100
復活早…

※PP＝パパ・プライド

地震と水害では危険な場所がこれだけ違います
地震
ブロック塀
看板
窓ガラス
狭い路地
水害
側溝（ドブ）
マンホール
アンダーパス
狭い路地
非常口のマークも日ごろから意識しておいてね
非常口
EXIT
あとは危険な場所をどう回避するか…
車がいなければ道の真ん中を逃げるのも手です
災害時には日常の常識を捨てましょう！
それを踏まえてもういちど行きましょう！
私の見立てでは発見できてない危険な場所がまだまだあるわよ
一回休憩！
リュックが重くて
腰がぁああ
避難の心得さらにレベルUP！

ミッション10（完）

ミッションリスト 4

ミッション08 **災害用伝言ダイヤルを使ってみよう**

家族で「171」を使った
伝言ゲームをやってみる

攻略 ☐

ミッション09 **「避難の呪文」を覚えよう**

新しい避難の合言葉「よいこ」の
内容を覚える

攻略 ☐

ミッション10 **防災ウォークをしよう**

ハザードマップを見ながら、
家族みんなで避難所まで行ってみる

攻略 ☐

いざ避難となったら、
だれでもあわててしまうもの。
事前に体験したことが
あるのとないのとでは、
生存率が大きく変わります。

Q ▼「171」はどうやって使うの？

A

災害用伝言ダイヤル（171）は大きな災害が起きたときに開設される、電話による音声伝言サービスです。

録音・再生する際には、パスワードとして1つの電話番号を入力する必要があります（固定電話の場合は「被災地の番号」という条件があります）。この番号を家族で前もって決めておかなければ、いざというときに利用できません。

録音にもコツが必要です。名前、今いる場所、今の状況、これからどこに向かうのか、次は何分後に電話するのか、という伝えるべき情報を、30秒間で的確に話さなくてはなりません。手順も初めてだと戸惑うので、落ち着いて話せるよう、ぜひデモ機が使える日（毎月1日、15日）に練習しておきましょう。

伝言を聞く人

伝言を録音する人

1 171に電話

伝言を録音する人	伝言を聞く人
2 ガイダンスが流れる	2 ガイダンスが流れる
3 1を押す	3 2を押す
4 自分の電話番号を入力	4 相手の電話番号を入力
5 伝言を録音	5 伝言を聞く
6 9を押す	

※1伝言あたり30秒以内

※震度6弱以上の地震発生後30分以内をめどに使えるようになる

Q 外出中に被災したらどうすべき？

外出中に被災した後の行動を、前もって家族で決めておきましょう。かならず自宅に戻るのか、それとも、被災した場所から近い避難所に行くのか。それを決めておくだけでも、不安が減ります。

次に、家に帰ってきた人が残す、家族だけがわかる暗号やサインを共有しておきましょう。防犯上、明らかにわかる個人情報は書かないように！　災害用伝言ダイヤルを併用すると、より安心できます。

子どもがひとりでいるときに被災したら、大人が迎えに行くのがベストです。子どもをひとりきりで行動させないように！　学校に戻る、友達と一緒にどこかに向かわせる、近所の知人に迎えをお願いするなど、家族で事前に決めておくことが大事です。

被災時の行動ルールの例

171 を録音・確認

1 かならず1回は帰宅する

避難所へ行く前に、家に寄る。
被災直後は無理に帰ろうとせず、
子どもは学校や学童の指示に従おう

171 を確認

2 家に帰った“しるし”を残す

玄関の外など、場所を
決めておいてメモを残す。
電話番号は書かない、
名前はイニシャルに、
など個人情報は最小限に

ひなんじょにいきます
8/20 14:15 (N)

布ガムテープがオススメ！

171 を確認

行動の合間に
171に電話を
しよう

3 避難所へ向かう

どこの避難所へ行くか、
あらかじめ家族で決めておく。
3か所共有しておけるとベスト

Q 水害時の避難の決断はどうすればいいの？

A

新しい情報をチェックしたうえで、①今自分がいる場所は安全なのか、②その場所はこれから先も安全が確保できるのか――この2つの視点で避難するかどうかを決めます。

水害は唯一予測できる災害ですので、左の図を参考に、家族で「マイ・タイムライン」（家族構成や生活環境に合わせた、自分たちだけの避難計画）を作成しておくと安心です。ハザードマップ上に浸水すると記されている場合は、すぐに避難するのが鉄則。台風の進路予測や天気予報をマメにチェックしてください。

ただし、避難行動はいちど決めたら終わりではありません。つねに最新情報をチェックし、これから先がどうなるかを予測して、状況に合わせて行動を変えていきましょう。

レベル④ 速やかに全員避難	レベル⑤ 災害発生（命を守るため最善の行動を）
避難勧告・避難指示（緊急）（自治体が発令）	災害発生情報（自治体が発令）
（暴風警報） 高潮警報・特別警報 氾濫危険情報 土砂災害警戒情報	大雨特別警報 氾濫発生情報
避難完了	避難場所 ○○小学校

台風発生時のマイ・タイムラインの例

例 大きな川の近くに住む一家の場合
家族構成：パパ、ママ、小学生の子ども、祖母

警戒レベル	レベル❶ 災害への心がまえ	レベル❷ ハザードマップ等で避難行動を確認	レベル❸ 高齢者等避難 （避難に時間がかかる人とその支援者）
避難情報	〈気象庁等が発表する情報を確認〉		避難準備・高齢者等避難開始 （自治体が発令）
気象情報	早期注意情報 （警報級の可能性）	大雨：大雨・洪水注意報 風：強風注意報 高潮：高潮注意報 氾濫：氾濫注意情報 土砂災害	大雨・洪水警報 氾濫警戒情報
行動	（パパ）気象情報の収集 （ママ）防災アイテムの確認・買い出し （ママ）子どもの状況確認（学校の対応チェック） （パパ）祖母の常用薬（1週間分）を用意 （パパ）（ママ）携帯電話を充電 （パパ）車のガソリンを確認	**避難準備開始** かかる時間〇分 （パパ）ハザードマップで避難場所・経路を確認 （ママ）子どもを迎えにいく （パパ）家の周りの物を片づける	（パパ）親戚に避難することを電話で伝える （ママ）ブレーカーを落とす ガスの元栓を閉める （パパ）（ママ）家中の窓やドアの鍵を閉める **避難開始** かかる時間〇分

自宅の場所や家族構成に合った行動をあらかじめ決めておくこと！

Q 乳幼児との避難はどうしたらいいの？

A

乳児はスリングや抱っこひもを使い、自分の前方で抱っこして逃げましょう。抱っこひもの場合、手足が外に出ていると危険です。おくるみ（アフガン）やバスタオルなどを上から掛けて、なるべく手足が出ないように工夫しましょう。

2、3歳の幼児の場合、普段は走り回る活発な子であっても、被災時は怖がって歩けなくなることがよくあります。そんなときは、シーツなどを使っておんぶするのも手です。つい焦って「急ぎなさい！」「早く歩きなさい！」と言ってしまいがちですが、言えば言うほど、子どもは動けなくなってしまいます。まずは「大丈夫だよ」「一緒に逃げようね」と声をかけ、抱きしめてあげましょう。そのあとで逃げることをオススメします。

赤ちゃんがいるときの避難スタイル

△抱っこひも

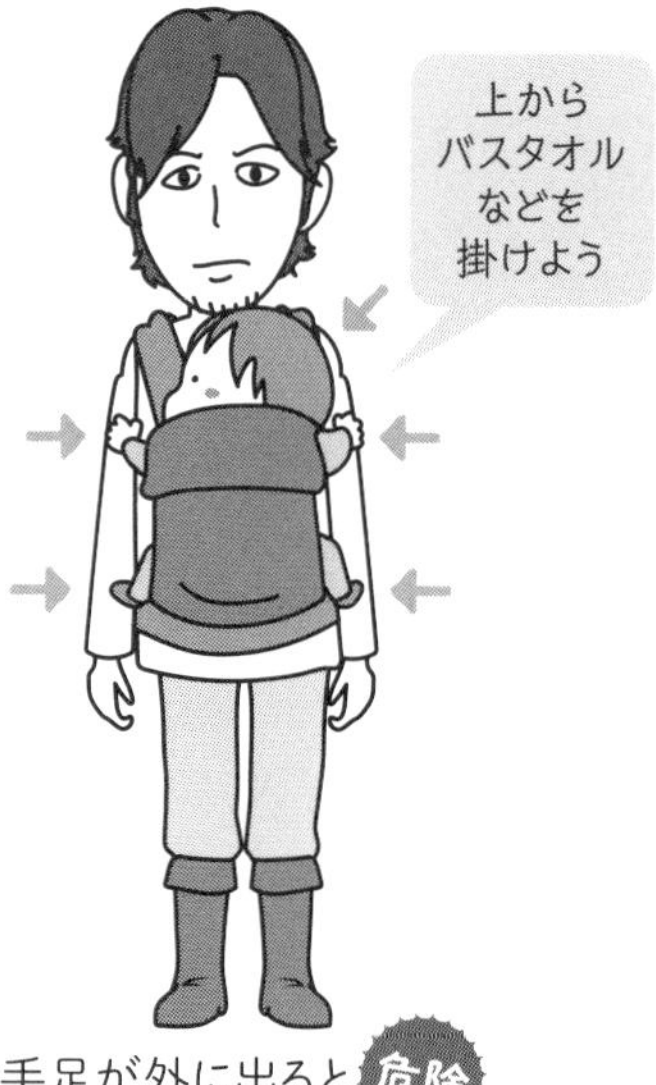

手足が外に出ると危険

○スリング

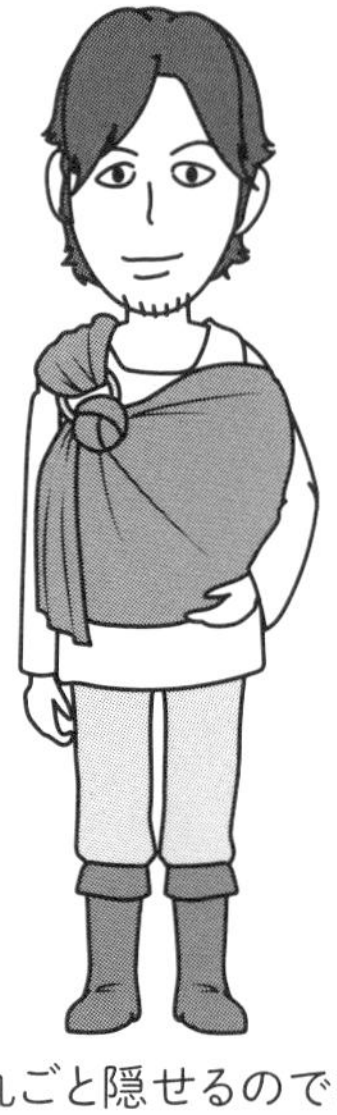

体を丸ごと隠せるので安全

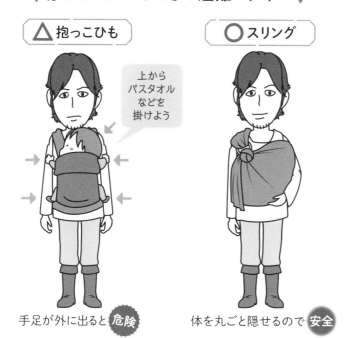

Q ペットは避難所に連れていけるの？

A

環境省は、ペットと一緒に避難する「同行避難」を原則としています。ただし、避難所には連れていけても、一緒には生活できない（同伴できない）ことがほとんどです。

ほかの避難者の迷惑にならないような準備も必要です。避難所にはいろいろな事情の方が集まっているので、なかには動物が苦手な人や、動物のアレルギーをもっている人もいます（私も猫を3匹飼っているので、そのへんはつらいところだと感じています）。

災害時もペットの安全と健康を守れるように、平常時からペットのための備えや対策について意識しましょう。またペット同行の避難訓練を行っている自治体もあるので、調べて、積極的に参加してみてください。

ペットと一緒に避難訓練をしよう

ペット同行の避難訓練を行っている自治体もあるので、調べてみよう！
ケージを持っていこう
犬用の靴にも慣れさせよう
キャリーに慣れておくことが大切！

被災後のリアル②

「まさか自分が被災するとは」のワナ

2019年10月、台風19号が関東地方を襲いました。入間川《いるまがわ》の近くに住む被災者の方は、「まさか自分の家が浸水するとは思わなかった」と言っていましたが、その方の自宅はハザードマップで浸水エリアに指定されていました。

人は深刻な現実を突きつけられても、「自分だけは違う」と思いたくなるものです。そして、変化を非常に嫌がります。避難するのは大きな変化。だから、なるべく避難したくない、できれば家にいたい——そう思うのも当然です。これは「災害心理」といわれ、どんな人でもこの心理状況に陥りやすいものです。

前述の被災者の方は、子どもが小さいので逃げるときは早めに、と思い、天気予報をチェックしていたそうです。ところが、警戒レベル3（高齢者等避難）になっても自宅の周りに水がたまるようすがなく、「このまま雨が降っても大丈夫」と思い込んでしまいました。警戒レベル4（全員避難）になると、自宅前の道が足首くらいの高さまで浸水し始め、それから5分もたたないうちに腰の高さにまで水位が上がったといいます。

水の流れは予想以上に速いもの。しかも、いざ逃げようと思っても、恐怖で体が動かなかったり、足を取られたりして、逃げるのに時間がかかってしまいます。

必要なのは決断力です。乳幼児や高齢者がいるなら、早めの避難が鉄則。「大げさだったね」と後で笑えたら、それでいいんです。

ミッション11 ▶ 防災クッキングに挑戦しよう

災害でライフラインが止まったら
家の中にあるものは
すべて備蓄になります
限られたもので
どう食べつなぐかがカギね
ストック

冷蔵庫は冷気を逃さないために
できるだけ開けないように！
まずは生鮮食品から食べ
冷凍食品は解け始めてから食べる

生鮮食品を
最初に
冷凍食品は
解け始めてから
冷凍
餃子
乾き物は
少しずつ食べる

でも極端な話
防災食を大量に
買っておけば…
ビスケット
カンパン

こういうときだから
こそなんです

被災したときに普段食べ慣れたものや温かいものを食べられると
おいし～い
人は精神のバランスを保てるんです
被災すると だれでも心にダメージを負うから「食」の果たす役割は大きいのよ
炊き
今回は2つの防災料理をつくってみよう！

①火を使わないパスタ
～食べ慣れたソースで災害時も安心！～

材料
好きなパスタソース
早ゆでパスタ・チャック付き袋・水

ミートソース

①

折ったパスタを袋に入れ
かぶる程度に水を注ぐ

②

水なら1時間
お湯なら5分

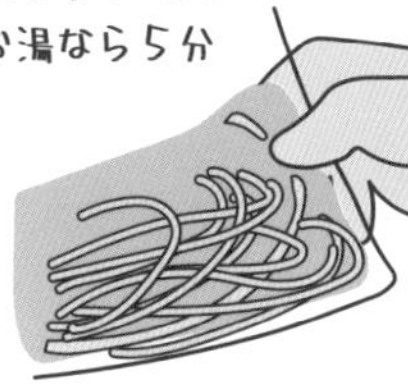

パスタが指でちぎれる
ようになるまで待つ

③

水を切ってから
ソースをかける

④

袋を振ったりもんだりしてソースをからめる
（水は別の容器に入れて再利用）

でも 冷たいパスタ…
あら それだって
冷製パスタって思えばいいのよ！
なるほど！

②簡単パッククッキング
～災害時にも温かいものが食べられる！～

ゆで卵のつくり方
卵と大さじ３杯の水を
ポリ袋に入れて
ひとつ結びに

おかずのつくり方
肉や魚の缶詰１缶と野菜を
ポリ袋の中で混ぜて
ひとつ結びに

ごはんの炊き方
食べる分の米と水を
ポリ袋に入れて
ひとつ結びに

米１合に対し
水 210mL

鍋底にアルミホイルを敷き、水を張ってポリ袋を入れるだけ。ごはんは炊けるまで約20分かかるので、先に入れたほうがよい

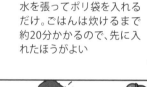

ポリ袋は100均にも売っている高密度ポリエチレン製の袋を使おう

ガスボンベは災害時あっという間に売り切れます
普段から12本くらいは備蓄しておいて台風や豪雨の予報が出たときに買い足すといいでしょう
カセットコンロとボンベは必需品よ
GAS
GAS
GAS
料理は人の心も温め…
グ～…
料理の話ばかりしてたから…
今つくった料理を食べてってください！
防災料理の心得レベルUP！

ミッション 11（完）

ミッション12 ▶ 節水ミッションに挑戦しよう

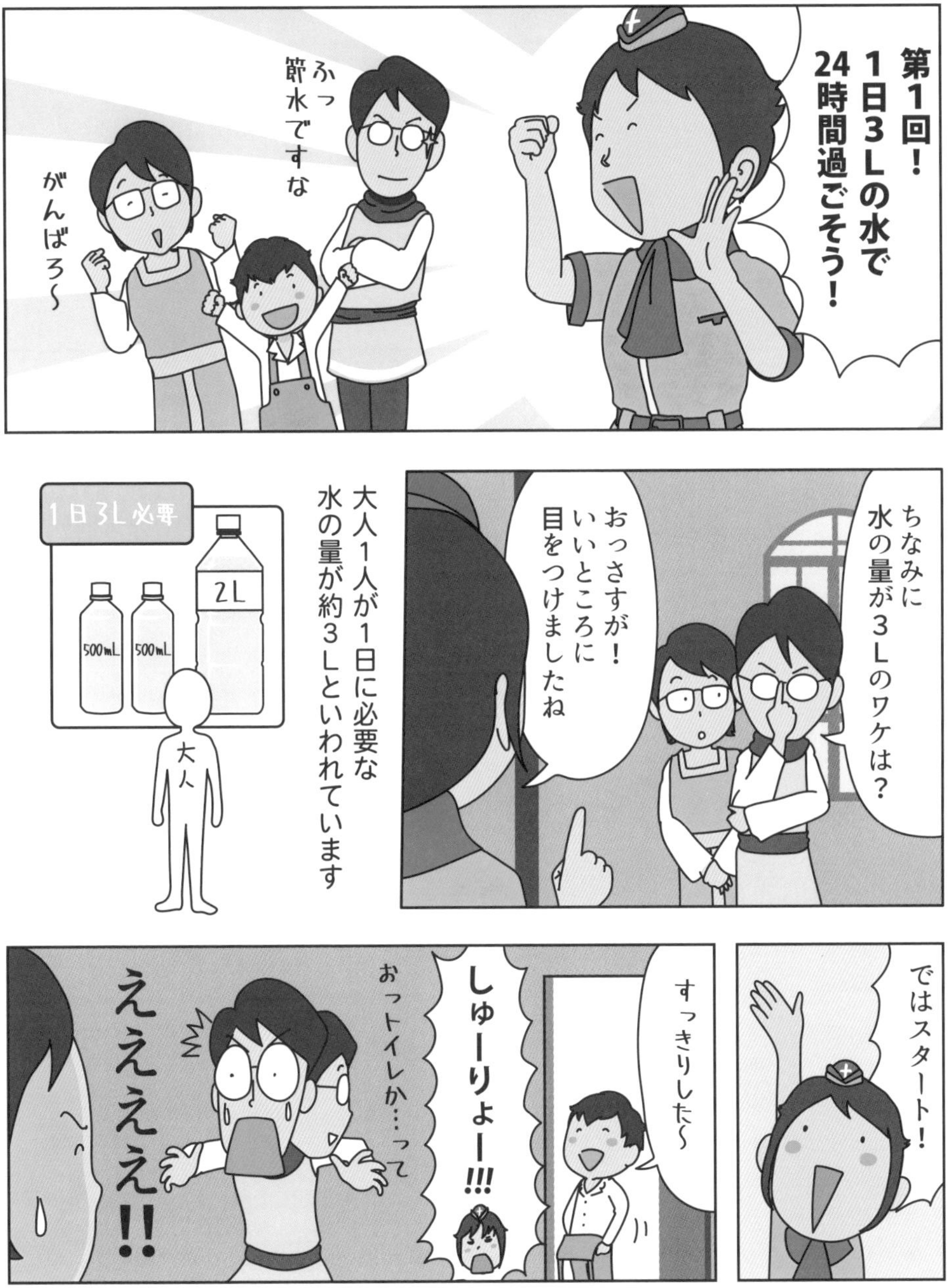
第1回！
1日3Lの水で
24時間過ごそう！
ふっ
節水ですな
がんばろ〜
ちなみに
水の量が3Lのワケは？
おっさすが！
いいところに
目をつけましたね
大人1人が1日に必要な
水の量が約3Lといわれています
1日3L必要
2L
500mL
500mL
大人
ではスタート！
すっきりした〜
しゅーりょー!!!
おっトイレか…って
ええええ!!

トイレの水は
1回流すだけで4L使います
2L
2L
1日5回トイレに行ったら
20Lも水を使ってしまう…
おしっこ少しなのに
こんなに使うんだね

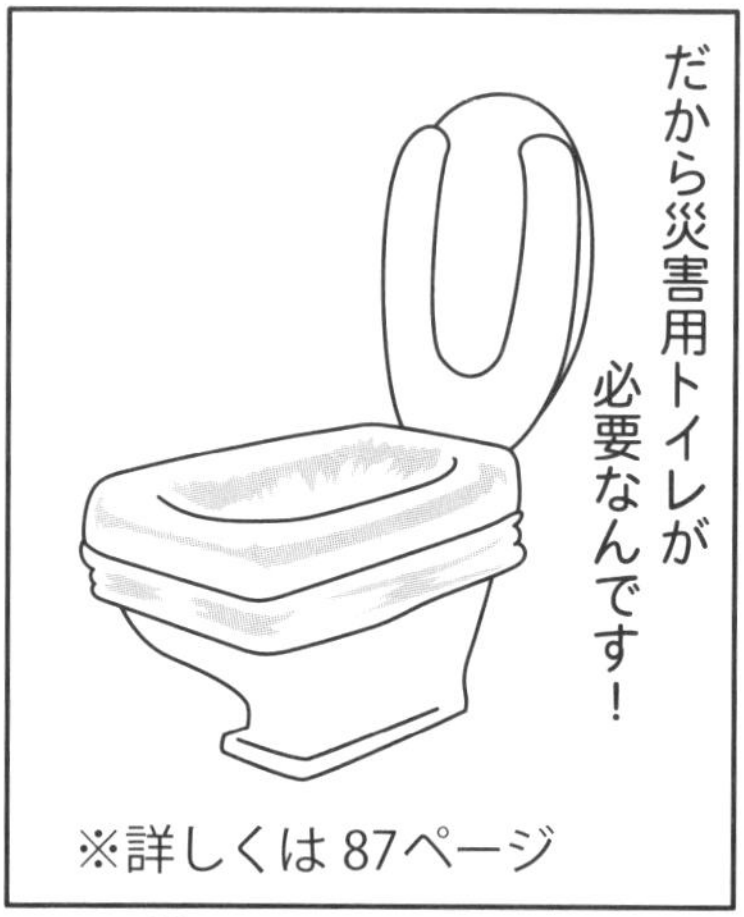
だから災害用トイレが
必要なんです！
※詳しくは87ページ

普段の生活で使っている水の量
～節水ミッション攻略のための予備知識～

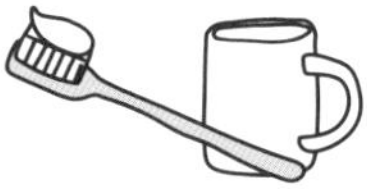

歯みがき　約1.5L
（コップ3杯＋歯ブラシを洗う）

手洗い・洗顔　約7L

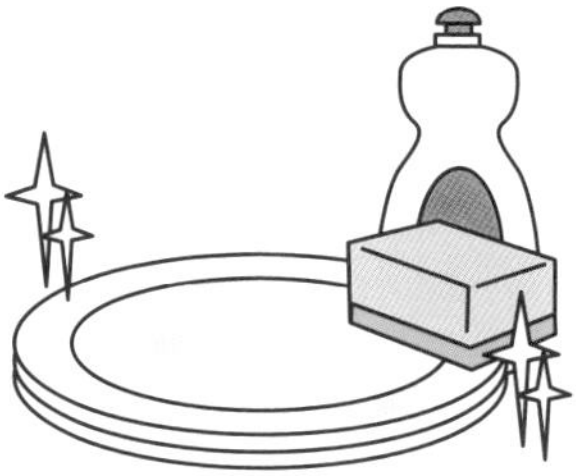

食器洗い　約16L

お風呂　約120～180L

洗濯機　約80～150L
※ドラム式か縦型か
またメーカーによっても異なる

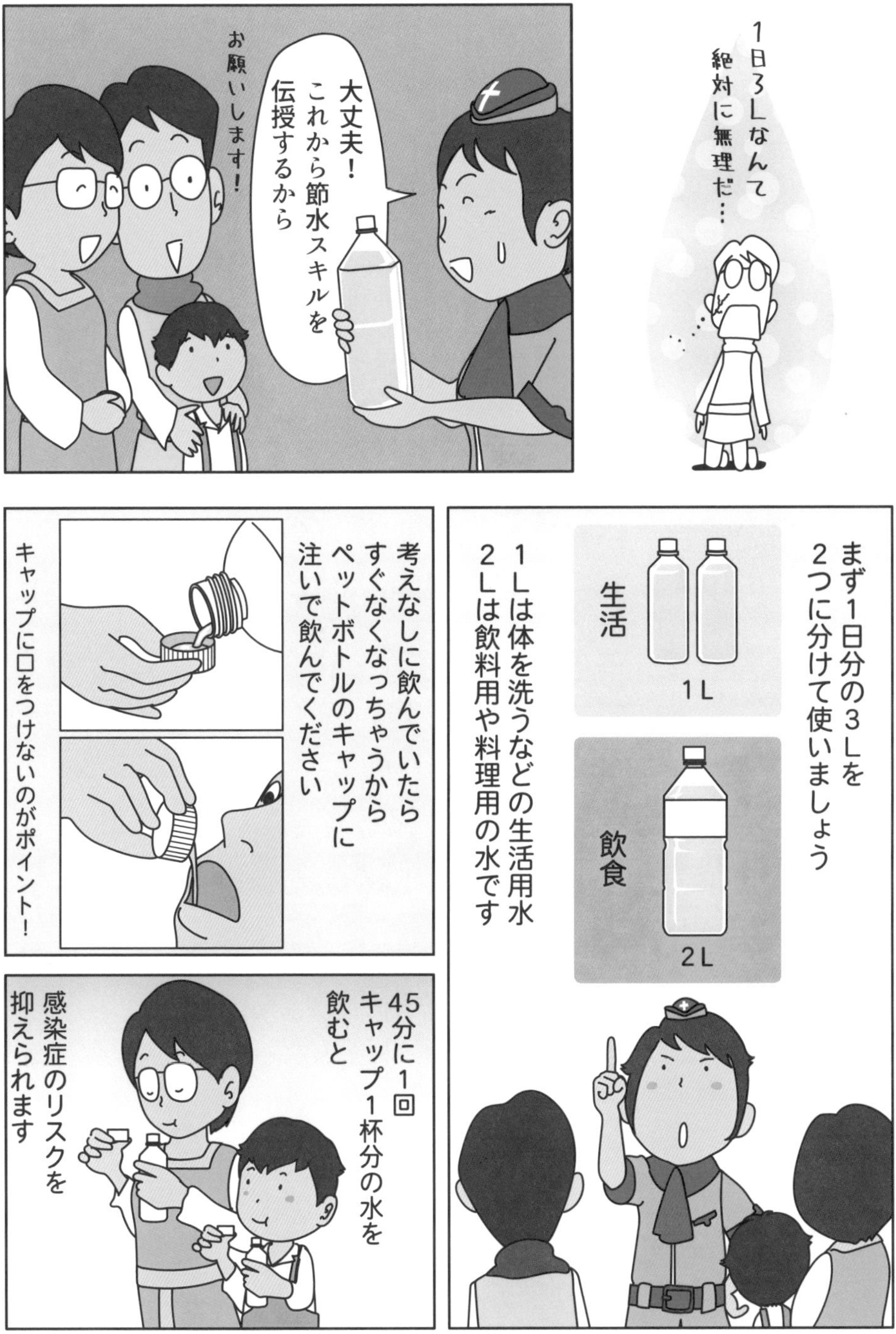
1日3Lなんて絶対に無理だ…
大丈夫！これから節水スキルを伝授するから
お願いします！
まず1日分の3Lを2つに分けて使いましょう
生活
1L
飲食
2L
1Lは体を洗うなどの生活用水 2Lは飲料用や料理用の水です
考えなしに飲んでいたらすぐなくなっちゃうからペットボトルのキャップに注いで飲んでください
キャップに口をつけないのがポイント！
45分に1回キャップ1杯分の水を飲むと
感染症のリスクを抑えられます

ペットボトルのキャップに
キリで小さな穴を開ければ
節水シャワーの出来上がり！
体をふくには500mLまで！
汚い場所は最後にふくこと！
500 mL
髪の毛には
ドライシャンプーを使って！
給水車は被災後すぐに
来るわけじゃありません
7～14日くらいかかります
飲料水
※地域や被災状況によって異なります
断水がどれだけ大変か
経験することが大事！
だからこのミッションは
失敗してもいいんです
では気を取り直して…
ミッション再スタート！
やるぞ！
ドン
♪
もう一回
最初から！
節水の心得レベルUP！

ミッション12（完）

ミッションリスト5

ミッション11 **防災クッキングに挑戦しよう**

「火を使わないパスタ」(または「簡単パッククッキング」の1品)をつくって、食べてみる

攻略

ミッション12 **節水ミッションに挑戦しよう**

1人3Lの水で
24時間過ごしてみる(失敗してもOK!)

攻略

難易度の高いミッションですが、遊び感覚でやってみるのが大事。小さい失敗をたくさんすることで、大きな失敗を避けましょう。

Q 食料はどれくらい備蓄すればいいの？

A

最低10日分の食料と水を用意する必要があります。災害が起きると、物流がマヒして食料の入手が困難になるからです（コロナの流行でマスクや消毒液が入手できなくなったときと同じです）。

ところが「10日分」と言われると、置く場所がない、賞味期限を切らしてしまいそう、と感じる人も多いでしょう。そこでオススメするのが「ローリングストック法」です。

防災食ではなく、食べ慣れたカップ麺やパスタ、レトルト食品、好きなお菓子などを普段より多めに買って、ストックしてください。それらを日常生活の中で消費し、食べた分を買い足す――この循環を続ければ、つねに新しいものがストックされ、わざわざ災害用の食料を備蓄する必要がなくなります。

ローリングストックのイメージ

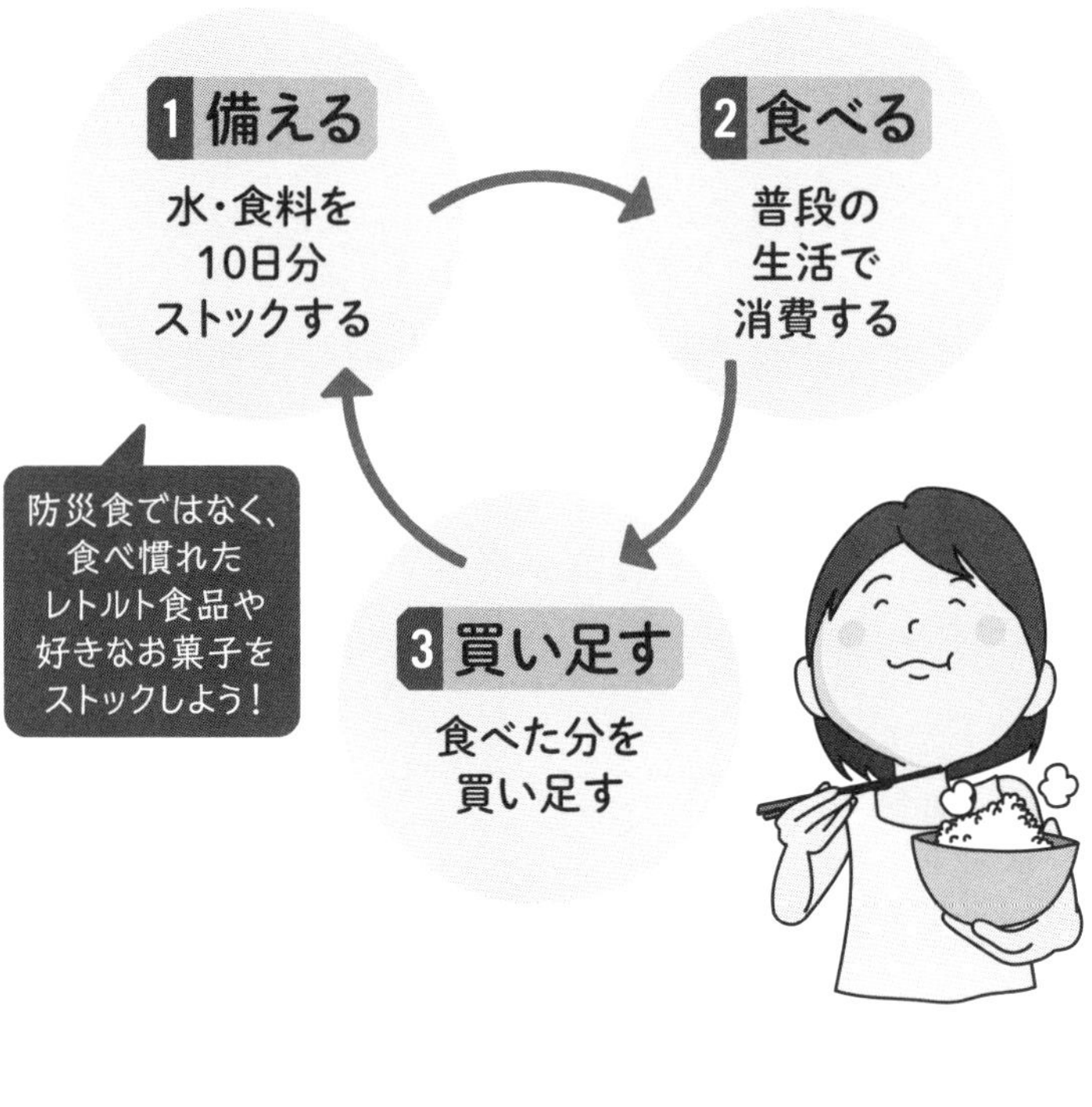
1 備える
水・食料を
10日分
ストックする
2 食べる
普段の
生活で
消費する
3 買い足す
食べた分を
買い足す
防災食ではなく、
食べ慣れた
レトルト食品や
好きなお菓子を
ストックしよう！

Q 地震が起きたら最初にすることは何？

A

何よりも自分の身を守る行動をしてください。一昔前は「まず火を消せ」と言われていましたが、今は大きな揺れがあるとガスの供給自体が止まるので、大丈夫です。

守らなくてはいけないのは頭、首の後ろ（延髄）、内臓ですが、それらを守るのに最適なのが「ダンゴムシのポーズ」です。このポーズのままテーブルの下に潜ったり、布団《ふとん》や毛布をかぶったりすれば、より安全です。小さな子どもがいる場合は、子どもの上から覆いかぶさるようにダンゴムシのポーズをするといいでしょう。

頭で理解していても、いざというときは体が動かなくなります。ぜひ家族でダンゴムシのポーズの練習をしてください。

命を守るダンゴムシのポーズ

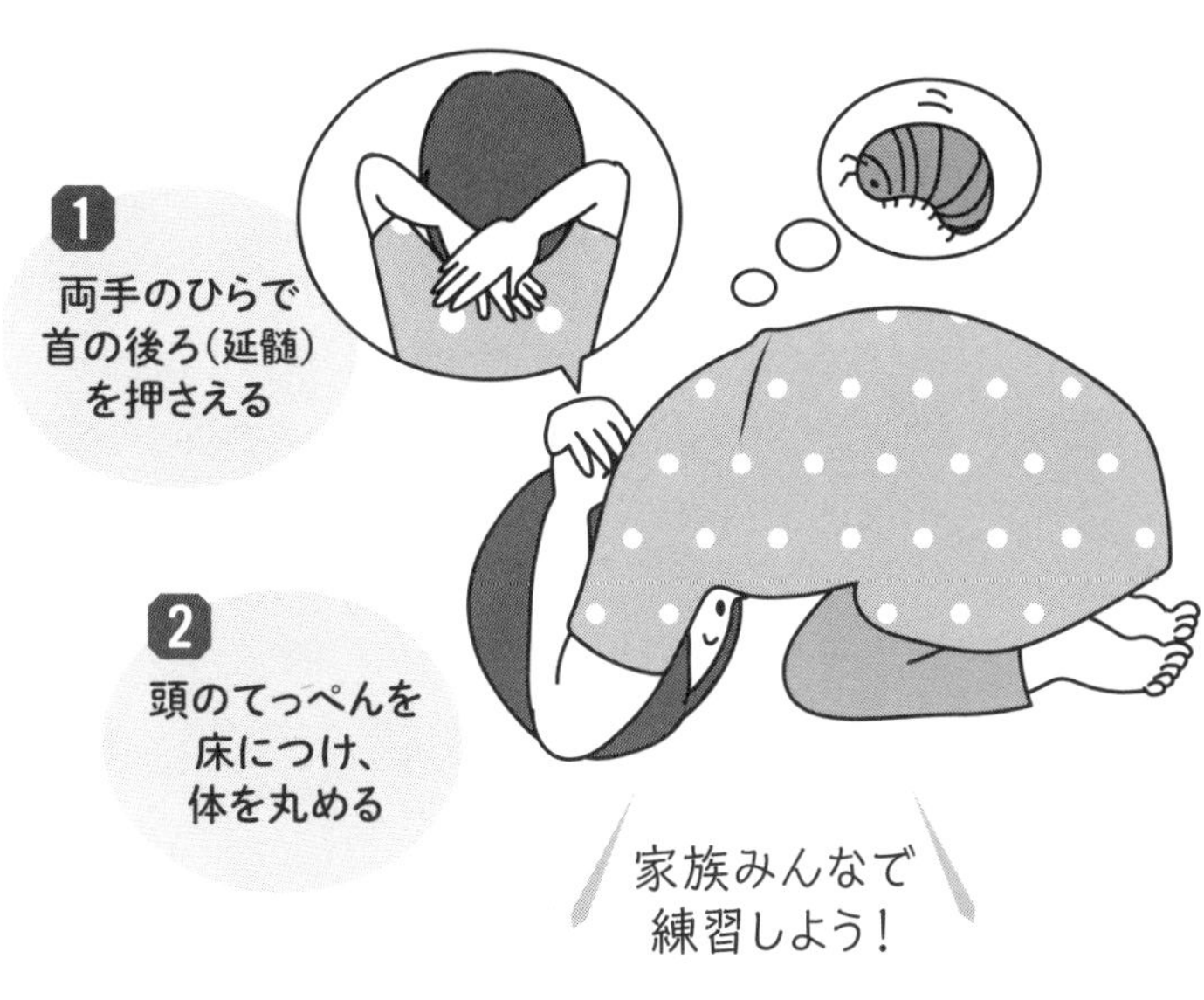
1
両手のひらで首の後ろ（延髄）を押さえる
2
頭のてっぺんを床につけ、体を丸める
家族みんなで練習しよう！

Q 防災クッキングで簡単にできるのは何？

オススメなのは「じゃがりこ」ポテトサラダです。下の図で紹介しているのは、私が試行錯誤のすえにたどり着いたレシピです。お湯を注ぐだけではなく、よりおいしくするために、さまざまなものを混ぜます。私は普段、料理を手抜きしたいときにはコレをつくっています（笑）。

パッククッキングも簡単です。カセットコンロで調理する際、ひとつひとつ料理をつくっていくと、時間がかかるうえに冷めてしまいます。パッククッキングは複数の料理をいっぺんに調理できるのがメリット。レシピがウェブ上にたくさん公開されていますので、料理のレパートリーに加えるつもりで試してみてください。カレーライスは失敗が少ないので、オススメです。

「じゃがりこ」ポテトサラダ

材料

「じゃがりこ」サラダ味…1個
水またはお湯…120mL
冷凍ミックスベジタブル…30g
スキムミルク…大さじ1
マヨネーズ…大さじ2
フライドオニオン…ふたつまみ

つくり方

1. 「じゃがりこ」の容器の中に水、またはお湯を入れる
2. フタをして、水なら10分、お湯なら5分置く
3. 2にミックスベジタブルを入れ、スキムミルクを入れて、よく混ぜる
4. マヨネーズを入れてよく混ぜ、フライドオニオンを入れて混ぜたら完成！

パッククッキング カレーライス

材料（4人分）

ごはん

無洗米（※）…2合
水…420mL

カレー

野菜（にんじん、じゃがいも、たまねぎなど）…適量
ツナ缶…1個（ソーセージでもOK）
カレールウ…4皿分
水…300mL
ポリ袋（高密度ポリエチレン製）…2枚
アルミホイル

※普通米を使うなら、ポリ袋の中で軽くもみ洗いしよう

つくり方

1

無洗米と水をポリ袋に入れる。袋から空気を追い出し、上のほうを結んで30分浸水させる

2
火が通りやすいように、野菜を小さめ、薄めに切る（万能ナイフを使うと、もっとレベルアップ！）

3
2とツナ、カレールウ、水をポリ袋に入れ、よくもむ。袋から空気を追い出し、上のほうを結ぶ

4
鍋の底にアルミホイルを敷き、米の袋とカレーの袋を置いて、水（分量外）を半分程度入れる

5
フタをして火をつけ、沸騰したら弱火で20分煮る（カセットコンロを使うと、もっとレベルアップ！）

6
火を止めてカレーの袋だけを取り出し、米の袋は鍋の中で15分蒸らす

7
カレーの袋を切り、中をよく混ぜる（鍋の水は再利用しよう！）

8

皿に盛りつけたら完成！

Q 断水したら水はどうしたらいいの？

A

断水したら、完全に水が出なくなる前に、やかんやバスタブなどにできるだけたくさんの水をためてください。

給水車から水の補給を受ける際には給水タンクが必要ですが、災害用のポリタンクやウオータージャグは、保管が邪魔に感じることもあります。そこで私は、45Lのゴミ袋2枚とリュックサック（段ボールなど、箱になるものなら何でも可）を使って、給水タンクを自作します。背負えるので手で持つよりも軽く感じられ、持ち運びがラクです。また、両手が空くので安全です。

災害時は水が多ければ多いほど、避難生活が豊かになります。ペットボトルの備蓄だけでなく、さまざまな手段を使って水をためてください。

リュックに給水する方法

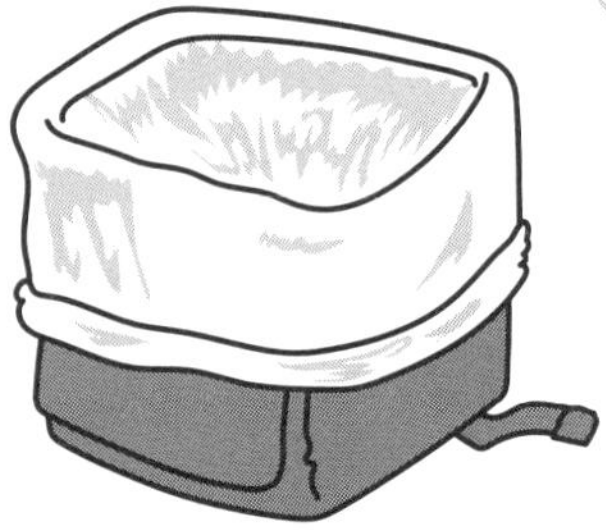

背負えるので、
ポリタンクよりも
持ち運びがラク！

1

リュックサックを大きく広げ、中に45Lのゴミ袋を2枚重ねてセットする。リュックを覆うように、ゴミ袋をしっかりと広げるのがポイント

2

リュックの5〜8割を目安に水を入れたら、ゴミ袋を、内側、外側の順で、それぞれひとつ結びにする。リュックを閉めて、背負う

Q 災害用トイレって必要なの？

A 絶対に必要です！

災害時は水道管の破裂にともなう断水が発生したり、仮に断水していなくても、下水管の破損によってトイレから流した水が逆流したりします。また、断水時にくみ置きの水をトイレから流すと、排水パイプの途中で汚物がたまることがあります。大便からメタンガスが発生して爆発する事故も起きています。

そのため災害時は、災害用トイレを使うことが推奨されています。市販のものもたくさんありますが、使い勝手やコスパから考えると、自作するのがオススメです。家のトイレにゴミ袋2枚、ペットシーツ、新聞紙をセットするだけですし、消臭も凝固もしっかりできますよ！

災害用トイレのつくり方

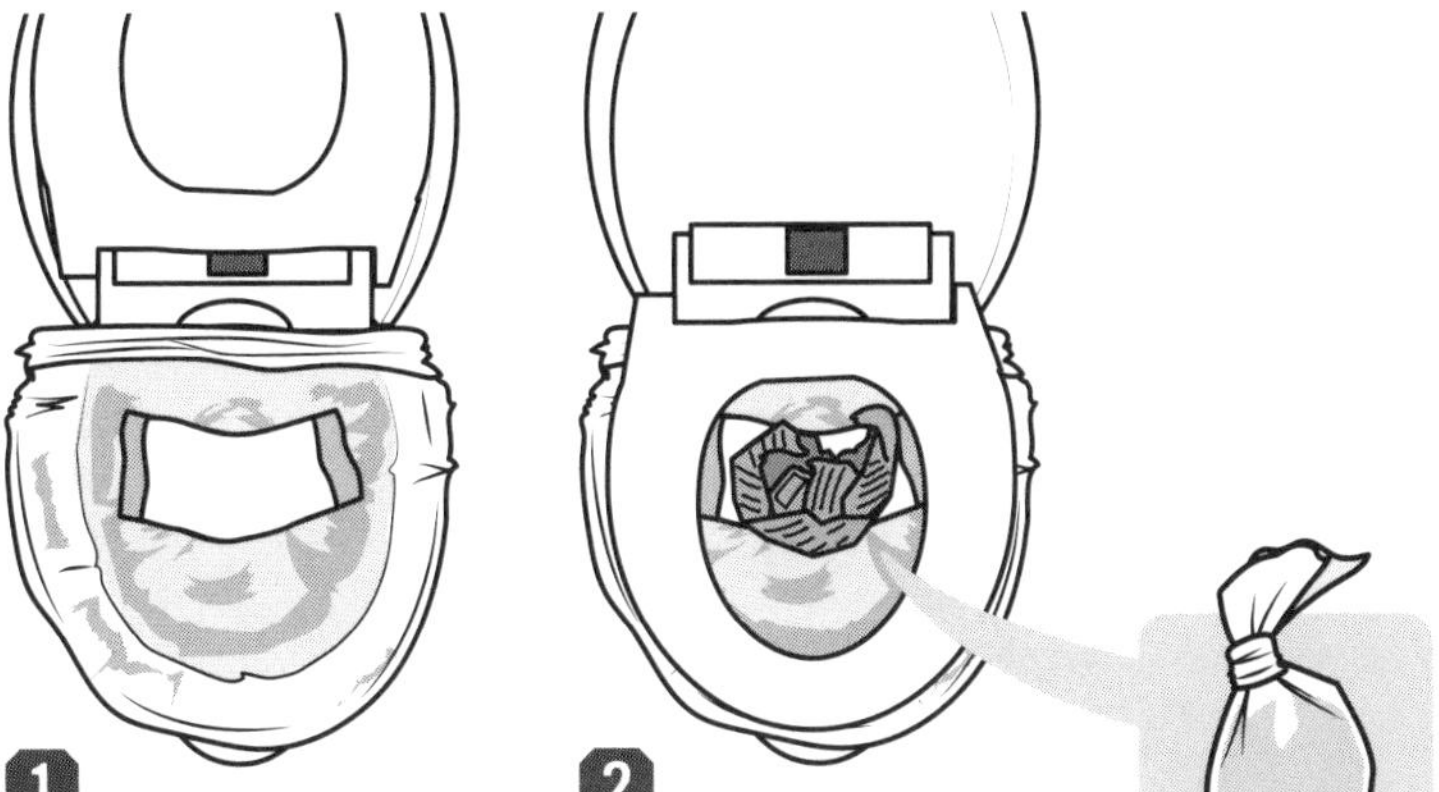

1 ゴミ袋を二重にして便器にかぶせ、吸水面を上にしたペットシーツを中に入れる

2 その上にクシャクシャにした新聞紙を1枚入れ、便座を下ろせば完成！

用を足したら、上のゴミ袋のみを外して、きつく結ぶ

防災マインドの鍛え方❸

自分だけの防災アイテムをつくろう!

避難生活には防災アイテムが必須。ところが、わざわざ専用のアイテムを買うと費用もかかり、膨大な数と量になります。

私が防災アイテムに必須だと思う条件は、①日常生活の中に当たり前にある、②1つでいくつもの使い方ができる、です。

たとえば、避難生活には水が欠かせません。1人1日3Lが必要といわれ、あればあるだけ避難生活は楽になります。飲料用には、未開封のペットボトルを使いますが、生活用は、貯水するためのタンクが必要になります。防災専用のタンクを用意するのは面倒です。また普段から使っていないと、いざ使うときにタンクを洗うための水が必要になる、という本末転倒になりかねません。

そこで私は、空のペットボトルを再利用したり、45Lのゴミ袋2枚とリュックサックで給水タンクをつくったりしています(⇒86ページ)。空のペットボトルは水の保管容器としてだけでなく、シャワートイレやランタン、ライフジャケット、器をつくることも可能です。ゴミ袋は、レインコート、保温用の上着、汚れた衣服の保管、ガレキの処理、災害用トイレ(⇒87ページ)としても利用できます。

ペットボトルもゴミ袋も、普段の生活で当たり前にある物なので、少し多めにストックすることに抵抗はないでしょう。「今、生活にある物を、違った切り口で防災アイテムに活用する」という視点をもってみてください。

ミッション13 ▶ 防災キャンプでレベル上げしよう

今日はアカデミーの防災キャンプデー
いよいよ最終ミッションです 今日はみんなでキャンプをしましょう！
まずはこの地図を確認してください
キャンプなんてやったことないぞ…
このあたりの地図だな…
キャンプ初心者が多いようだけど今まで学んだことを思い出せば大丈夫！
MAP
水道
現在地
管理棟
トイレ
メンバーで力を合わせてがんばってみて！

※音量には気をつけましょう

リュックだと 大量に水を運べるな！ でも 水は大事に使おうね
うんうん
ペットボトルシャワーも持ってきたよ
みんな成長したな
さて ごはんをつくりますか！
教わったパッククッキングでっと
その万能ナイフデザインいいですな
どうしよう？ うちの子がいない！
落ち着こうぜ
最後に見たのはどこだった？
管理棟に電話したけどいないって！
ピーーッ

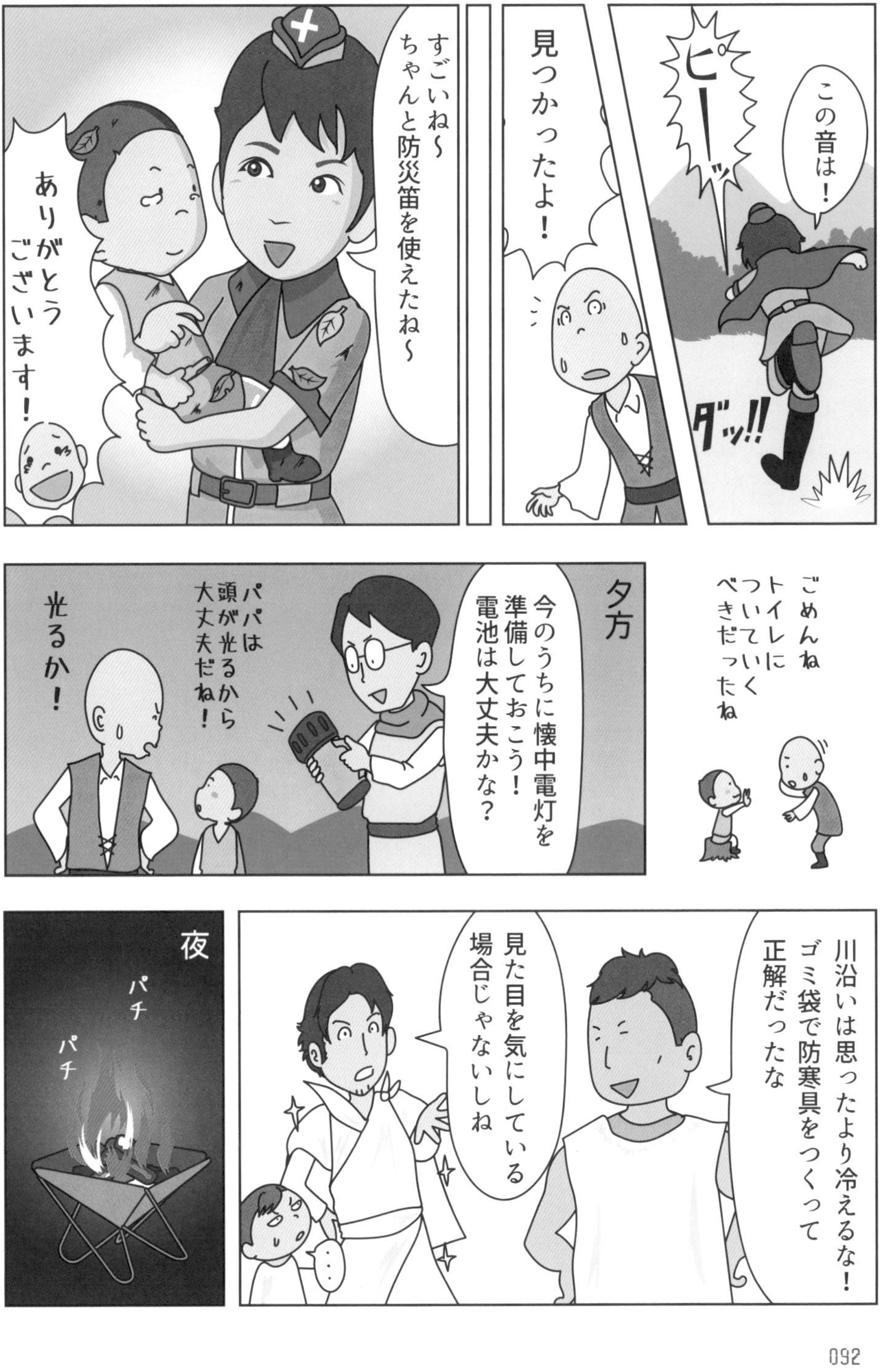
この音は！
ピーーッ
ダッ!!
見つかったよ！
すごいね〜
ちゃんと防災笛を使えたね〜
ありがとうございます！
ごめんね
トイレについていくべきだったね
夕方
今のうちに懐中電灯を準備しておこう！
電池は大丈夫かな？
パパは頭が光るから大丈夫だね！
光るか！
川沿いは思ったより冷えるな！
ゴミ袋で防寒具をつくって正解だったな
見た目を気にしている場合じゃないしね
…
夜
パチ
パチ

今日は1日お疲れさま！
なぜ最終ミッションがキャンプだったかもうわかったよね？
キャンプってじつは防災の経験値をかせぐ絶好の機会なんです
今までだったら景色を優先したけど今日は万が一を想定できました
料理で水を使うとき自然と節水を意識したな…
息子に防災笛を持たせといてホントによかったです！
まぁ俺は音楽をかけただけだけど…
それだってメンタルヘルスって意味では大事なことよ！

普段の生活スタイルを無理なく防災につなげる
それが実践できていたからこそ今回のキャンプはうまくいったのよ！
そしてもうひとつ！
防災に大切なのはコミュニティーです

コロナで人との距離が開いた分コミュニティーに所属して助け合える仲間を増やすこと
あっテント張るの忘れてた！
俺のテント大きいから来なよ！
おっいいにおいですな〜
余りの食材にカレールウ入れてみたんだ！
ってこれはもうみんなクリアできてるね！

MISSION: COMPLETE

災害は怖いけど
防災はおもしろいって
わかってくれたかな？

防災の実践スキルレベルUP！

ミッション13（完）

ミッションリスト 6

ミッション13　**防災キャンプでレベル上げしよう**

家族でキャンプに行って、
これまでに覚えたスキルを実践してみる

攻略

災害時に大切なのは自助。
それぞれの得意なスキルで、
お互いに補い合う必要が
ありますが、それを学ぶのに
キャンプはうってつけです。

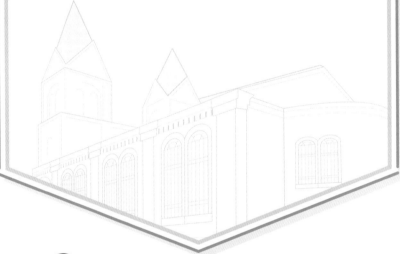

被災後のリアル③

大人の男性を抱っこした話

東日本大震災が発生したとき、私は大阪にいました。すぐに緊急要請がかかり、夕方にはヘリで現地へ。

私たちは心肺停止状態の人に対してレスキューを行います。残念ながら、死亡が確定した被災者にできることは何もないので、トリアージ（選別）をして次の現場に行きます。その繰り返しを長い時間続けたあと、チームのボスに「避難所に行って、得意の『まぁるい抱っこ』で、不安におびえている人たちを助けてこい！」と言われました。不安や恐怖もありましたが、自分にしかできないことだと信じて、チームから離脱しました。

真っ暗闇の中を4時間ほど歩いて着いた避難所は、まさにカオス状態でした。子どもは泣き叫び、それを聞いた大人の男性がどなっています。私はまず、赤ちゃんや子どもを落ち着かせるためにママたちに抱っこの指導をし、ママたちを抱きしめました。すると、みるみるうちに落ち着きを取り戻していきます。

それを見た男性たちは、急に私にいろいろと訴えてきました。本当は不安でいっぱいだったようです。私は「みんなを抱っこしますよ」と提案。椅子に座り、男性を膝の上にのせ、ひとりひとり抱っこすると、1人30分ほど号泣します。

「大人を抱っこ？」と驚くかもしれませんが、非常時には効果絶大。心底泣いた人は強くなれます。みんな、泣いたあとは顔つきが変わり、立ち上がっていきました。

〜エンディング〜

アカデミー卒業から数か月後——
最新情報 外出が危険な場合は 建物の２階以上
史上最大規模の台風15号はこのあと上陸するおそれ…
とうとう来たか…
ハザードマップによるとウチの近くは冠水の恐れがあるから警戒レベル３になったら避難所Aに避難しよう
防災リュックを確認したよ！
OK!!
ハザードMAP
家族全員分の常備薬もチェックしたわ！
ありがとう！

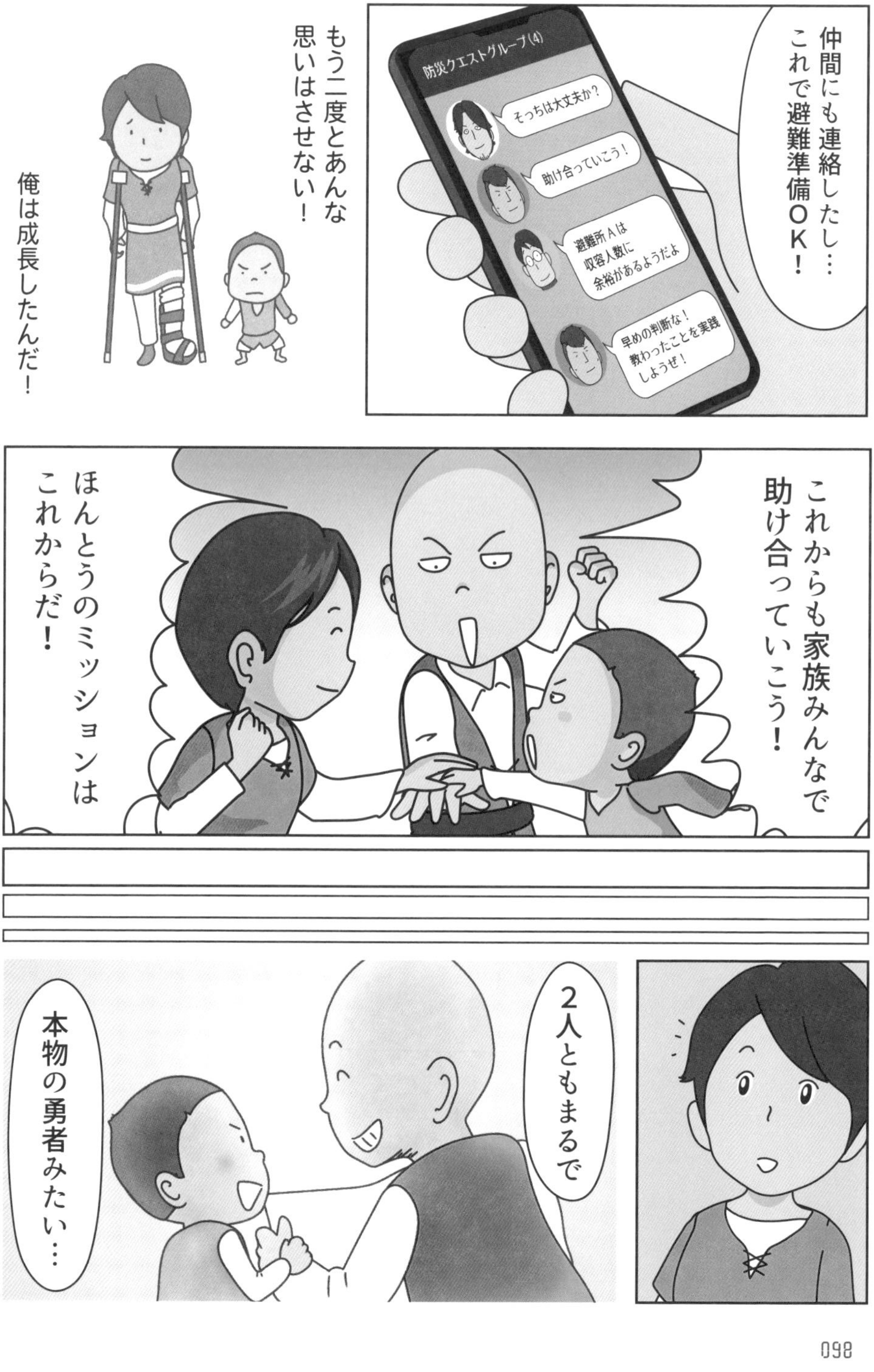
仲間にも連絡したし…これで避難準備OK！
防災クエストグループ(4)
そっちは大丈夫か？
助け合っていこう！
避難所Aは収容人数に余裕があるようだよ
早めの判断な！教わったことを実践しようぜ！
もう二度とあんな思いはさせない！
俺は成長したんだ！
これからも家族みんなで助け合っていこう！
ほんとうのミッションはこれからだ！
2人ともまるで
本物の勇者みたい…

BOSAI QUEST
STAFF

AUTHOR
辻 直美

ILLUSTRATOR
エイイチ

BOOK DESIGNER
Malpu Design（宮崎萌美）

PROOFREADER
井上智絵

EDITOR
酒井 徹

The End

あとがき

防災という言葉を聞くと、「すごくハードルが高い」と感じる方が、世の中にはたくさんいます。いつ来るかわからない災害のために準備するのって、やっぱり面倒くさい。そして、「準備するということは、自分たちも被災するかもしれないってことか……」という気持ちとも向き合わなきゃいけないから、ナーバスにもなります。でも、この「自分の置かれた立場と向き合ったことによるナーバス」から防災はスタートすると、私は思うのです。

私はこれまで、現場で働くナースの教育に携わり、自分が現場で編み出した知識やテクニックを伝授してきました。でも、それだけでは被災者の命を救えない。被災による負担を小さくするためには、生き延びるための防災テクニックを住民ひとりひとりに教えるのがいちばんだと、気がつきました。そこで、「生き抜くためのサバイバル講座」を始めました。

私の考える防災は、日常の延長にあるものです。だから、だれにでもできる。子どもにも高齢者にも、普段はなかなか家事に協力しないパパにだってできる（笑）。家の中にあるものでできて、しかも簡単。やろうと思えばすぐ始められる。この気軽さがポイントなんです。だから私の考える防災は、ハマるとめっちゃおもろい。パパたちのスイッチが入って一気に変わると、「頼れるパパってカッコいい」と、

ツナ缶キャンドルで過ごす、
防災キャンプの夜

「新聞紙で頭を守れるか?」というお題に、楽しそうに取り組む子どもたち

ママや子どもたちからの見る目が変わるのは間違いなし！（笑）

考え方を変えるだけで、日用品がすごく使える防災アイテムに変わる――そういうアイデアって、大人よりも子どものほうがたくさんもっています。被災したときは、生きていく営みだけではなく、レクリエーションもユーモアも必要です。子どもたちは避難所でも、目の前にあるものだけで遊び出します。緊張してピリピリしているところに、すごくふざけて変な顔をしたり、キャーキャー大騒ぎしたり。大人は真面目に捉えるので、「ふざけちゃダメ」「遊んじゃダメ」って、つい注意しそうになるけど、じつは心がホッとしたり、癒されたりしているんです。以前、避難所でツナ缶キャンドルをしたとき、子どもたちとパパたちが大興奮し、どこからか串を持ってきて、いろいろな物をあぶって、食べていました。イカをあぶって「俺って大人?」と聞いてきた小3男子。焼きマシュマロをうれしそうに食べる小6女子。新聞足袋《たび》をデコる女子たちに、スケートして競争する男子たち。そんな風景が、じつは被災時にはいちばんホッとするんですよね。そして子どもたちは、いざとなったらいろいろなアイデアも教えてくれます。パパたちと

子どもたちが自由な発想でつくった災害用トイレ

防災講座で「ママを守りたい」と質問してきた子ども。まさに勇者！

一緒にガレキを片づけたり、水を運んだり、即戦力になってくれます。防災も、避難生活も、大人だけでするものではないなぁと、つくづく思います。

防災は、ちょっとした知識があれば、だれにでもできる――本書でそのことをご理解いただき、日常生活の中に落とし込んでいただけたら、こんなにうれしいことはありません。

「災害は怖いけど、防災はおもしろい」というテーマを、本という形で世に出すことに協力してくださった編集者の酒井さん、イラストレーターのエイイチさん、ほんとうにありがとうございます。ひとりでも多くの方が本書を手に、〝防災勇者〟に変身することを、心から願っています。

２０２１年　１月

辻　直美

NAOMI TSUJI
辻 直美

国際災害レスキューナース。国際緊急援助隊医療チーム（JMTDR）や災害派遣医療チーム（DMAT）にも所属。一般社団法人育母塾代表理事。

吹田市民病院勤務時代に阪神・淡路大震災で被災し、実家が全壊。その後赴任した聖路加国際病院で勤務中、地下鉄サリン事件の救命活動にあたり、本格的に災害医療活動を始める。東日本大震災や西日本豪雨（平成30年7月豪雨）などで救助を行う一方、ナースの育成や企業・行政向けの防災セミナーも行っている。看護師歴29年、災害レスキューナースとしては26年活動。被災地派遣は国内26件、海外2件。大阪市防災・危機管理対策会議で防災専門家として活動中。著書に『レスキューナースが教えるプチプラ防災』（扶桑社）など。

一般社団法人育母塾公式サイト：http://ikubojuku.org

EIICHI
エイイチ

イラストレーター・漫画家。

1児の父。デザイン会社勤務を経て、「子育てや家事にもっとかかわりたい」という思いからフリーランスに。テレビや全国誌、書籍にて芸能人の似顔絵、挿絵、漫画などを描いているほか、絵本『いっしょのちがうもの』（絵本塾出版）の絵を担当したり、学校の教材や地方公共団体の啓発動画のアニメーションを制作したりするなど、多様なコンテンツを手がける。著書に『スキンヘッドパパの育児日記』（日経BP）など。

公式サイト：https://a-ichi.jp/

防災クエスト

家族みんなで防災ミッションを攻略しよう!

2021年3月1日　初版第1刷発行

著　者……辻　直美

絵　……エイイチ

発行者……宗形　康

発行所……株式会社小学館クリエイティブ
〒101-0051 東京都千代田区神田神保町 2-14　SP神保町ビル
電話 0120-70-3761(マーケティング部)

発売元……株式会社小学館
〒101-8001 東京都千代田区一ツ橋 2-3-1
電話 03-5281-3555(販売)

印刷・製本……中央精版印刷株式会社

ISBN 978-4-7780-3562-4